こんなところでつまずかない！

インターネット 投稿トラブル 21のメソッド

東京弁護士会 親和全期会

編著

第一法規

はしがき

　インターネットの普及、また、SNS(ソーシャルネットワーキングサービス)の普及により、広く社会に情報や意見を発信する機会は格段に増えました。これらのサービスが、友人同士、同窓生、同業の人、同じ趣味を持つ人、同じ悩みを抱える人、近隣地域の住民の方々など、拡がりのある範囲の多数の方々同士で、密接な利用者間のコミュニケーションを可能にし、必要な情報が必要なところに行き渡るようになって、市民生活の利便性は格段に高まり、世情は大きく変化しています。

　他方、そのようなサービスを利用するに際しては、多かれ少なかれ、利用者個人の情報を社会に発信することにもなり、そこにはプライバシーの問題が生じ得ます。また、社会生活上のツールである以上、そのような場においても、利用者同士のトラブルは付きものです。しかし、インターネット上のプライバシー侵害や名誉毀損等のトラブルについては、その匿名性から、当事者の特定が困難な事例が多く、事件を進めるにあたっては、通常の場合と異なる対応が求められます。

　インターネット、SNSと聞いて、通常の場合と異なる対応、また、迅速な対応が求められると考えて尻込みする弁護士はまだまだ多いように思います。インターネットに強いイメージのある若手弁護士にとってすらそうであるにもかかわらず、ベテラン弁護士にとってはなおのこととっつきにくい分野のため、登録後間もない弁護士が、突然事件を振られがちな分野でもあります。

　本書は、典型的なインターネット上のトラブル対応の全体像の解説から始まり、経験年数の浅い弁護士が不安を感じたり、初心者が壁にぶつかりがちな、当事者の特定のための手続、権利侵害行為の特定、民事手続以外の解決手段の選び方などを、お読みいただく方よりも少し経験を重ねている弁護士が、自分自身もおちいったことのある失敗や経験を踏まえ、わかりやすく解説しています。

本書が扱うインターネット関連分野は、常に、加速度的に技術が進歩し、それに伴って、制度の改正や運用の変更等も激しい分野です。したがって、本書は全体として、あくまでも執筆時点の情報を基にした内容になっており、この点はお含みおきいただければと思いますが、制度や運用が変わっても、基本的なところの多くは変わらないこととも思いますので、ぜひ、将来にわたって参考にしていただければと願っております。

　平成27年の「こんなところでつまずかない！　弁護士21のルール」の発刊以来、21のメソッドシリーズは、私たち親和全期会が編著者となって出版を続けてまいりました。経験年数の浅い弁護士にとって身近なテーマを選んで執筆し、その発刊数は、既に10を超えております。

　この間、全国の弁護士数は増加し続けており、司法修習終了後15年目までの弁護士で構成される当会の会員数も増え続けています。他方、そんな中で、相談できる先輩弁護士がなかなかいないという声を聞くことも、多くなっています。当会は、研修や懇親企画、業務連携などを通じて、法律事務所の垣根を超え、皆が議論をし、情報を交換し、悩みを共有し、解決策を考える「場」を、会員に提供しています。本書は、そのような「場」で議論になったり、解決されたりしたことが、その構成のベースになっています。弁護士にとって、経験は財産です。当会の弁護士の経験が、本書を手に取っていただいた方の業務の参考になるとすれば、この上ない喜びです。

　本書の上梓には、第一法規株式会社編集第一部、藤井恒人氏、川村茉優氏、小林千紘氏に大変お世話になりました。締切を守るのが苦手な執筆者陣を適切に激励していただき、適時のスケジュール管理等、様々ご助力をいただきました。改めて厚く御礼申し上げます。

令和6年1月
東京弁護士会　親和全期会
令和5年度代表幹事
弁護士　関　理秀

こんなところでつまずかない！
インターネット投稿トラブル
21のメソッド

目次 Contents

本書中の体験談は、執筆者自身の経験や他の弁護士へのインタビュー等を元に内容を再構成したものです。各体験談冒頭のプロフィールは、必ずしも各執筆者のプロフィールと一致するものではありません。

凡例
裁判例には、原則として判例情報データベース「D1-Law.com判例体系」（https://d1l-dh.d1-law.com/）の検索項目となる判例IDを〔　〕で記載しています。
例：東京高決平成28年7月12日民集71巻1号82頁〔28242990〕

民集	最高裁判所民事判例集
刑集	最高裁判所刑事判例集
判タ	判例タイムズ
判時	判例時報
高裁民集	高等裁判所民事判例集
高裁刑集	高等裁判所刑事判例集
下級民集	下級裁判所民事裁判例集

法令名略語
プロバイダ責任制限法	特定電気通信役務提供者の損害賠償責任の制限及び発信者情報の開示に関する法律

専門用語解説

IP アドレス

アイピーアドレス

インターネットに接続している機器に割り当てられた個体識別用の番号で、ネットワーク上でデータを送受信する際に、通信相手を指定するために使われる。インターネットに接続する機器に必ず割り振られるもので、インターネット上の住所にあたるが、固定で常に同一の IP アドレスが付与されているのではなく、アクセスプロバイダが通信の都度、異なる IP アドレスを割り当てるのが一般的である。

ICANN

アイキャン

ドメイン名、IP アドレス等のインターネット上の識別情報資源を一元的に管理し、割当や調整を行う民間の非営利法人。1998 年に設立された。正式名称は Internet Corporation for Assigned Names and Numbers である。

アクセスプロバイダ（AP）/インターネットサービスプロバイダ（ISP）/接続プロバイダ/経由プロバイダ/プロバイダ

アクセスプロバイダ/インターネットサービスプロバイダ/セツゾクプロバイダ/ケイユプロバイダ/プロバイダ

発信者の端末が利用するインターネット回線をインターネットへ接続するサービスを提供する事業者であり、発信者とインターネットをつなぐ役割を担う。単に「プロバイダ」とも呼ばれ、「インターネットサービスプロバイダ」(ISP)「接続事業者」「接続プロバイダ」「経由プロバイダ」とも呼ばれる。AP の保有するアクセスログの保存期間は 3 〜 6 か

月であることが多い。

アップロード
アップロード

インターネットを通じて、自己の使用するコンピュータ、スマートフォン等の端末上のデータをサーバーやクラウドに送信すること。対義語はダウンロード。

アフィリエイト
アフィリエイト

インターネットを利用した広告手法の一種で、企業が自社の商品・サービスを販売するため、外部のウェブサイトに対して自社の商品・サービスの販売ページへ移動するURLリンクを発行し、当該URLを経由した商品・サービスの購入が発生した場合に、当該URLを掲載した外部のウェブサイトに対して紹介料を支払う手法。成果報酬型広告とも呼ばれる。

意見照会書
イケンショウカイショ

①発信者情報開示請求を受けたアクセスプロバイダやコンテンツプロバイダが、権利侵害投稿を行った発信者に対して義務的に送付する、当該発信者に係る発信者情報の開示に同意をするかの確認を求める書面（プロバイダ責任制限法6条1項）。郵送ではなくメールで照会が行われる場合もある。②コンテンツプロバイダが情報の削除（送信防止措置）を行う場合において、発信者に対して任意に送付する、削除に同意するかの確認を求める書面（同法3条2項2号）。発信者が意見照会を受けた

日から7日を経過しても当該発信者から削除に同意しない旨の申し出が
なかった際は、コンテンツプロバイダは、当該削除に係る損害賠償の責
任を負わない。

一般社団法人テレコムサービス協会（テレサ）

イッパンシャダンホウジンテレコムサービスキョウカイ（テレサ）

アクセスプロバイダやコンテンツプロバイダ等の電気情報通信事業者が
組織する業界団体。発信者情報開示請求の書式やガイドラインを提供し
ている。

インターネットサービスプロバイダ（ISP）

インターネットサービスプロバイダ

アクセスプロバイダ（AP）と同義。→アクセスプロバイダ

ウェブアーカイブ

ウェブアーカイブ

公開終了又は削除されてしまった過去のウェブページを閲覧できるウェ
ブサービス。代表的なものとして、WAYBACK MACHINE（https://
web.archive.org/）があり、世界中のウェブサイトを収集している。

HTML ソースコード

エイチティーエムエルソースコード

HTML とはウェブページを構成する言語の一種であり、HTML 言語で
書かれたウェブページの骨組みを構成する文章のことを、HTML ソー
スコードと呼ぶ。ソースコードをソースと省略することもある。
対象ウェブページの HTML ソースコードを確認したい場合、ウェブブ

ラウザの「表示」タブから、「ソース」を選択するか、ウェブページ上でソースコードを確認したい任意の場所で右クリックし、「ソースの表示」を選択することで確認できる。

MNO（移動体通信事業者）

エムエヌオー

NTT ドコモ、KDDI、ソフトバンクモバイル、楽天モバイル等の、自社で通信インフラを保有している通信事業者。Mobile Network Operator（移動体通信事業者）の略称。

MVNO（仮想移動体通信事業者）

エムブイエヌオー

自社で通信インフラを保有せず、MNO から通信インフラを借りて、インターネット接続や携帯電話等の通信事業を行う事業者。Mobile Virtual Network Operator（仮想移動体通信事業者）の略称。

オートコンプリート

オートコンプリート

過去に入力した内容を記憶し、次回以降は入力候補を自動で表示することにより、再入力の手間を省く機能。類似の機能として、「サジェスト」機能があるが、オートコンプリートは過去の自分の入力履歴を記憶して予測表示する機能であるのに対し、「サジェスト」機能は、システムが人気のある検索フレーズやユーザーの検索場所、過去の入力内容等から入力候補を生成する点で異なっている。

逆引き

ギャクヒキ

DNS などを用いて、IP アドレスから、それに対応するドメイン名/ホスト名を調べること。ドメイン名やホスト名から対応する IP アドレスを探し出す「正引き」に対応する用語。

キャッシュ

キャッシュ

ウェブページの閲覧をスムーズにするために、一度アクセスしたウェブページ等について、端末内に一時的に保全されるデータのこと。「Safari」「Google Chrome」「Microsoft Edge」等のウェブブラウザで一般的に使用されている。

クローラー

クローラー

ウェブページを自動で巡回し、情報を収集するプログラムのこと。各種検索エンジンは、クローラーが収集した情報を元に検索結果の表示順位を決めている。

経由プロバイダ

ケイユプロバイダ

アクセスプロバイダ、インターネットサービスプロバイダに同義。→アクセスプロバイダ、インターネットサービスプロバイダ

コンテンツプロバイダ/CP

コンテンツプロバイダ

権利侵害情報が書き込まれる場となる、掲示板・SNS 等のサービス提供者、サイト管理者やサーバー管理者等の、ウェブサイト側のシステムを管理する立場の事業者のこと。

コピーサイト/ミラーサイト

コピーサイト/ミラーサイト

コンテンツを無許可で複製・掲載しているウェブサイトのこと又は他社のウェブサイトを模倣して作成されたウェブサイトのこと。

サーバー/サーバ/サーバーコンピュータ

サーバー/サーバ/サーバーコンピュータ

インターネットなどのネットワークを通じて利用者にサービスを提供するコンピュータのこと。インターネットを閲覧する際、利用者から閲覧のリクエストがサーバーに届き、サーバーはリクエストされたウェブページの情報を利用者に送信することで利用者の閲覧が可能になる。

サイト管理者

サイトカンリシャ

ウェブサイト全体を管理している個人又は法人・事業者であり、ウェブサイト上に権利侵害情報の投稿がなされている場合、発信者情報開示請求を行う相手方となる。また、削除請求の場面においては、当該投稿の発信者だけでなく、サイト管理者に対しても行うことができる。

サジェスト

サジェスト

検索キーワードを入力する際、ブラウザのシステムが入力候補のキーワードを生成・表示することにより、ユーザーによる入力操作の手間を軽減する機能。人気のある検索フレーズや検索場所、過去の入力内容等から候補を表示する。類似の機能として「オートコンプリート」が存在する。

サムネイル

サムネイル

YouTube 等の動画サイトや Instagram 等の SNS において、当該コンテンツをクリックせずに中身がわかるように表示される小さな画像のこと。

CDN

シーディーエヌ

Contents Delivery Network の略称で、日本語でコンテンツ配信ネットワークとも呼ばれる。動画等の大容量のコンテンツをインターネットで大量配信するためのネットワークであり、キャッシュサーバーと呼ばれるサーバーが、オリジナルのウェブサイトから複製（キャッシュ）したコンテンツを保存し、ユーザーからアクセスの要求があった際に、オリジナルのサーバーに代わって応答し、キャッシュ情報を提供することで、オリジナルのサーバーへのアクセス集中を抑える。表示や配信の遅延、サーバーダウンのリスクを抑えるなどの効果がある。

SIM カード

シムカード

パソコンやスマートフォン、タブレット等の通信デバイスに挿入することで、データ通信や通話を可能にする小型の IC カードで、契約者の識別番号や電話番号、メールアドレス等の契約者を特定するための情報が記録されている。SIM は Subscriber Identity Module の略称。

消去禁止命令

ショウキョキンシメイレイ

裁判所が、申立てにより、発信者情報開示命令事件及びその異議訴訟が終了するまでの間、発信者情報の消去禁止を命じる命令（プロバイダ責任制限法 16 条）。

令和 3 年改正プロバイダ責任制限法により創設された新たな裁判手続（非訟手続）において、発信者情報開示命令事件の係属中に、発信者情報が保存期間の経過を理由に削除されることを防止するために創設された。

ステマ

ステマ

ステルスマーケティングの略称。消費者に宣伝広告であることを気づかれないように商品やサービスを宣伝したり、口コミを発信する行為のこと。令和 5 年 10 月 1 日より、景品表示法 5 条 3 号に基づき、ステマ行為は、「事業者が自己の供給する商品又は役務の取引について行う表示であって、一般消費者が当該表示であることを判別することが困難であると認められるもの」（令和 5 年内閣府告示第 19 号）として指定され、不当表示規制の対象となった。消費者庁は、「『一般消費者が事業者の表

示であることを判別することが困難である表示』の運用基準」（令和5年3月28日）を公表している。

正引き
セイビキ

DNS（ドメインネームシステム）などを用いて、ドメイン名／ホスト名から対応するIPアドレスを調べること。

接続先IPアドレス
セツゾクサキアイピーアドレス

投稿先のサイトのサーバー機器に割り当てられたインターネット上のIPアドレス（識別符号）のことをいい、「投稿先IPアドレス」とも呼ばれる。発信者情報開示に際して、接続元IPアドレスとタイムスタンプだけでは契約者を特定できない場合に必要となる。

接続元IPアドレス
セツゾクモトアイピーアドレス

サイトに投稿した際に利用したスマートフォンなどの機器に割り当てられたインターネット上のIPアドレス（識別符号）のことをいい、「発信元IPアドレス」とも呼ばれる。

ソースコード
ソースコード

プログラミングにおいて、コンピュータに命令を与える文字列のこと。

送信防止措置

ソウシンボウシソチ

インターネット上での誹謗中傷、個人情報やプライバシーを侵害する書き込みをされた被害者から依頼があった場合に、依頼されたサイト運営者等がその書き込みを削除すること。プロバイダ責任制限法に基づき、被害者がサイト運営者へ削除を求めるための書面を「送信防止措置依頼書」という。

タイムスタンプ

タイムスタンプ

電子ファイルや電子データの属性の1つとして付与・保管される時刻情報のこと。一般的に、コンテンツプロバイダに対する発信者情報開示請求の際には、IPアドレスとタイムスタンプの開示を求める。これは、IPアドレスは数に限りがあり、同じIPアドレスでも複数の人に割り振られるため、投稿者の特定のためには、IPアドレスに加え、投稿した時刻情報であるタイムスタンプも必要となるからである。

調査費用

チョウサヒヨウ

発信者情報開示請求にかかる弁護士費用のこと。発信者へ「調査費用」の損害賠償請求が認められるかどうかについては、全額認めている裁判例もあれば、1割程度認めている裁判例や一切認めない裁判例もあり、判例として確立していない状況である。

Tor

トーア

「The Onion Router」の略語。IP アドレスを相手に知られることなくインターネットに接続することができる匿名の通信システムのこと。

提供命令

テイキョウメイレイ

裁判所が、発信者情報開示命令事件の係属中に、「侵害情報の発信者を特定することができなくなることを防止するため必要がある」（プロバイダ責任制限法 15 条）と認めた場合に、コンテンツプロバイダに対して、①経由プロバイダ等の氏名等の情報を申立人に提供すること、及び、②保有する発信者情報（IP アドレスとタイムスタンプ等）を申立人に秘匿したまま、経由プロバイダ等に提供することを命じることができる。令和 3 年改正において、経由プロバイダ等が、あらかじめ保有する発信者情報（発信者の氏名及び住所等）を特定・保全しておくことができるようにすることを目的として創設された。

DNS

ディーエヌエス

「Domain Name System」の略。インターネット上でドメイン名と IP アドレスの紐づけを管理・運用するためのシステムのこと。

デジタルタトゥー

デジタルタトゥー

「デジタル」と「タトゥー（入れ墨）」を組み合わせた造語。インターネット上に投稿されたコメントや画像などが一度拡散されてしまうと、

容易に削除することができず、半永久的にインターネット上に残り続けること。

同定可能性
ドウテイカノウセイ

インターネット上の投稿記事において誹謗中傷等の対象とされている人物（法人）が権利侵害を受けたと主張する人物（法人）であると特定できること。同定可能性は、一般人を基準に、当該投稿を見たときに、誹謗中傷の対象とされている人物を特定できる可能性があるかという基準を用いて判断される。

ドメイン名
ドメインメイ

インターネット上の通信機器やサーバーを識別するために付けられた識別名のことで、各コンピュータのインターネット上の住所表示のようなもののこと。

ハンドルネーム
ハンドルネーム

インターネット上の掲示板やSNS等で発信する際に、本名の代わりに用いるニックネームのこと。

フィッシングサイト
フィッシングサイト

フィッシング詐欺に使われる偽のウェブサイトのこと。フィッシング詐欺とは、送信者を詐称した電子メールを送りつけたり、偽の電子メール

から偽のホームページに接続させたりするなどの方法で、クレジットカード番号、アカウント情報（ユーザー ID、パスワードなど）といった重要な個人情報を盗み出す行為のこと。

ブラウザ
ブラウザ

コンピュータでさまざまな情報を閲覧するためのソフトウェアのこと。単にブラウザという場合には、ウェブサーバへデータの送信を要求し、送られてきた HTML ファイルや画像ファイルなどを読み込んで指定のレイアウトで表示するウェブブラウザのことを意味する。

ポート番号
ポートバンゴウ

コンピュータがデータ通信を行う際に、通信先のプログラムを特定するための番号のことであり、複数の相手と同時に接続するために IP アドレスの下に設けられたサブアドレスのこと。IP アドレスと組み合わせて用いられ、IP アドレスが同じでも、ポート番号が異なると、別の通信として扱われることになる。

Whois 検索
フーイズケンサク

ドメイン登録業者が提供する、ドメイン名や IP アドレスの登録者を検索する仕組みで、誰でも利用することができるサービス。

ホスティングプロバイダ

ホスティングプロバイダ

ホスティングとは、サービス事業者がデータセンター内で運用保守する
サーバーの一部、または全領域をインターネット経由でレンタルするこ
とをいい、ホスティングプロバイダはレンタルサーバー会社のことを指
す。

URL

ユーアールエル

「Uniform Resource Locator」の略。ウェブ上にあるファイルやホーム
ページの位置を示すための「住所」のようなもの。ブラウザの上部の
URL 表示欄に直接 URL を入力すると該当のホームページを開くことが
できる。

レジストラ

レジストラ

ドメイン名の所有者・所有希望者からドメイン名の登録申請を受け付け、
その登録情報をレジストリ（登録ドメイン名のデータベースを維持管理
する機関）のデータベースに登録する機関のことをいう。例えば、ドメ
イン登録サービス「お名前.com」を提供する GMO インターネットグ
ループ株式会社が該当する。

レンタルサーバー

レンタルサーバー

サイトやブログの情報を保管するサーバーを貸し出すサービスのことを
いう。ホスティングプロバイダが保守運用しているサーバー。

ログ

ログ

サーバーに記録されている通信記録ないしアクセス記録のことをいう。
接続ごとに、接続日時、接続相手の IP アドレス、ポート番号などが記
録されている。

ログイン時 IP アドレス

ログインジアイピーアドレス

投稿記事を投稿した際の IP アドレスではなく、サイトにログインした
際の IP アドレスのことをいう。ログイン時 IP アドレスにより紐づけら
れる通信は、アカウントの情報の送信であって侵害情報の送信でないた
め、「当該権利の侵害に係る発信者情報」（改正前プロバイダ責任制限法
4条1項）といえるかについて、裁判例によって判断が分かれていた。
例えば、東京地判平成 28 年 7 月 28 日平成 28 年（ワ）1679 号公刊物未
登載〔29019501〕においては、発信者情報開示請求権の要件は厳格に解
するべきとして、ログイン時 IP アドレスの開示を認めていないが、東
京高判平成 31 年 1 月 23 日判時 2423 号 29 頁〔28274762〕では、ログイ
ンした人物がログアウトするまでに当該投稿をしたと認定できる時には、
ログイン時の IP アドレスの開示も認めている。令和 3 年改正プロバイ
ダ責任制限法により、ログイン型の投稿に対応するため、ログイン時
IP アドレス、ログイン時タイムスタンプ等、侵害関連通信（令和 3 年
改正プロバイダ責任制限法 5 条 3 項）に関する情報を「特定発信者情
報」と定義し（令和 3 年改正プロバイダ責任制限法 5 条 1 項）、一定の
条件を満たした場合には開示請求が認められることが明確化された。

ログイン型サービス

ログインガタサービス

ユーザー ID やパスワード等の必要事項を入力してアカウントを作成し、当該ユーザー ID やパスワードを入力することによって自らのアカウントにログインした状態でさまざまな投稿を行うことができるサービスのこと。

忘れられる権利

ワスレラレルケンリ

個人に関する情報の削除請求権及び当該情報のさらなる拡大を防止させる権利のこと。2012 年 1 月に欧州委員会が 1995 年 EU データ保護指令を改正することを目的として提出した規則提案の中で登場した権利の 1 つである。日本では、Google の検索エンジンで、自己の氏名と住所をキーワードとして検索すると逮捕歴に関する情報検索結果が表示されるとして、Google に対して検索結果の削除の仮処分を求めた事案（さいたま地決平成 27 年 12 月 22 日判時 2282 号 78 頁〔28241040〕）において、裁判所で初めて「忘れられる権利」への言及された（ただし、保全抗告審〔東京高決平成 28 年 7 月 12 日民集 71 巻 1 号 82 頁〔28242990〕〕は、仮処分決定を取り消し、債権者による許可抗告の申立ても棄却されている〔前掲最決平成 29 年 1 月 31 日民集 71 巻 1 号 63 頁〔28250362〕〕）。

▶ 迅速な対応と依頼者への 丁寧な説明を!

——インターネットや SNS の普及に伴い、投稿トラブルは増加しており、弁護士なら誰でも相談され得る身近な法律問題となっている。相談を受けた際には、証拠保全等の迅速な対応、そして依頼者に対する丁寧なリスク説明が求められる。

インターネット上の投稿トラブルは、 誰でも相談され得る身近な法律問題

　総務省「令和 4 年通信利用動向調査の結果」(https://www.soumu. go.jp/johotsusintokei/statistics/data/230529_1.pdf) によると日本における令和 4 年末時点の個人のインターネット利用率は 84.9% となっており、インターネット利用者のうち、SNS(ソーシャルネットワーキングサービス)利用者の割合はほぼ全ての年齢層で増加し、日本全体で 8 割に達しています。このようなインターネットや SNS の普及に伴い、インターネット上の投稿トラブルは後を絶たず、総務省が運営を委託する違法・情報相談センターへの令和 4 年度相談件数は 5,745 件で高止まり傾向にあります(インターネット違法・有害情報相談センター「令和

4年度インターネット上の違法・有害情報対応相談業務等請負業務報告書（概要版）」https://www.soumu.go.jp/main_content/000881624.pdf 参照）。法務省の人権擁護機関においても、同機関全体としての人権侵犯事件数は減少傾向にあるにもかかわらず、インターネット上の人権侵害情報に関する人権侵犯事件数は1,721件と高水準になっています（法務省人権擁護局「令和4年における『人権侵犯事件』の状況について（概要）〜法務省の人権擁護機関の取組〜」（https://www.moj.go.jp/content/001393246.pdf）参照）。そして、インターネット上の投稿トラブルによる被害は、プライバシー侵害、名誉毀損等の人格権侵害や、口コミサイトへの誹謗中傷、SNSでの炎上による営業妨害、信用毀損などさまざまであり、その被害者は個人の場合もあれば、企業の場合もあります。

　普段、個人の依頼者からの相談が多い弁護士であるか、企業法務を中心とする弁護士であるかにかかわらず、インターネット上の投稿トラブルは、誰でも、法律相談を受ける可能性の高い事案の1つとなっています。

インターネット上の投稿トラブルに対する対抗措置

　インターネット上の投稿トラブルに関する相談を受けた場合、これに対する対抗措置として以下のものが考えられます。

①投稿記事の削除請求

　まず、当該投稿記事の投稿者、サイトの管理者、サーバー管理者等に対して、任意交渉または裁判手続により、当該投稿記事の削除を求めることが考えられます（詳細については、Method 5を参照）。

②発信者に対する損害賠償請求

　また、インターネット上に違法な投稿がされたことにより、名誉権やプライバシーが侵害されたとして、発信者に対して、損害賠償請求（民法709条等）をすることも考えられます。もっとも、多くの事案では、

投稿は匿名で行われており、そもそも誰が発信者かわかりません。そのため、損害賠償請求の前提として、発信者情報開示請求により発信者の特定を行う必要があります（詳細については、Method 5、15を参照）。

③刑事告訴・被害届の提出

投稿の内容によっては、当該投稿行為自体が、名誉毀損罪（刑法230条1項）、業務妨害罪（同法233条）等の犯罪に該当する場合もあり、発信者に対する刑事処罰を求めて、刑事告訴（刑事訴訟法230条）や被害届の提出を行うことも考えられます（詳細については、Method 19を参照）。

迅速な対応かつ丁寧な説明を！

まず、投稿トラブルで重要なのは、迅速な対応です。誹謗中傷等の投稿がされている場合、被害者の精神的苦痛を取り除くためには、いち早く投稿記事が削除されることが望ましいですし、発信者の特定においては、Method 14で詳しく説明するとおり、接続プロバイダのログ保存期間という時間的制約があるため、受任後すぐに着手しましょう。また、どのような措置を講じる場合でも、投稿記事の特定及びその証拠化が必要ですが、投稿記事は予期せずに削除される場合もあるため、迅速な証拠保全は必須です。

その一方で、依頼者に対しては、丁寧な説明が求められます。削除請求等の対抗措置を講じた場合、そのことを理由に、さらに炎上して侵害情報が拡散したり、削除請求の通知が公表されるなどのリスクも全くないとはいえません。また、発信者の特定においては、時間と費用をかけたにもかかわらず、最終的に特定に至らないケースも十分あり得ます。これらのリスクを最大限軽減する必要はありますが、結果的に依頼者の要望が実現に至らない可能性があることや逆効果になるリスクがあることについて、事前に丁寧に説明しておくことが肝要です。

無視も作戦のうち

弁護士7年目　男性

1億総発信者時代だが……

　現在は、「1億総発信者時代」と評しても差し支えないくらい、SNSが普及したことによって、誰もが発信を行う時代になりました。そのため、削除や開示請求を受けるような投稿をしている人の属性も、さまざまだと思われがちです。

　しかし、削除や開示請求を実際に行っていると、気づくことがあります。削除や開示の対象になる投稿を行っている人たちには、ある程度パターンがあるのです。

　皆さんの印象はどうでしょうか。議論がヒートアップしたり、炎上中の投稿に、勢いで参加してしまって、削除や開示の対象となるような投稿をしている人もいるのではないかと思いませんか。

　私も、最初はそう考えていましたが、実際には違ったのでした。

身内が一番怖い

　店の評判を著しく悪く書く口コミについて、開示請求の依頼を受けたことがあります。投稿されてから相談までの期間が短かったことや、名誉毀損の要件を満たしていると思われたことから、「これは開示が可能かも」と考えて、開示請求を行いました。

　依頼者は、投稿を書き込んだ人に「全く身に覚えがない」と言っていたのですが、開示の結果を受け、衝撃が走ります。

　投稿主は、つい先月まで、ニコニコしながら元気に働いていた従業員だったのです。

　結果を知った依頼者は愕然としていました。なぜその従業員がこのようなことをしたのか、結局聞きだす機会はなかったのでわかりませんが、働いていた最中に何らかの不満等があったことは間違いありません。

対策をしたことでかえってヒートアップ

　ある自動車販売会社（Ａ社）に、顧客から「Ａ会社の整備不良が原因で、自動車が故障し、運転中だった自らも怪我をしたとのブログが、頻繁に更新されている」という連絡がありました。

　調べてみるとブログの管理者は、自らの連絡先情報を非公開にしていなかったので、直接連絡をすることが可能でした。

　会社から依頼を受けた私は、内容証明郵便にて、当該ブログ記事の削除と、今後の掲載停止を求めて警告を行いました。

　すると、当該ブログの管理者は、内容証明郵便の一部分をブログにアップロードし、これについて反論したり、揚げ足をとるような記事を掲載してきたのです。

　もちろん、この記事に関しては、法的に見れば、さらなる反論を行うことが可能なものではあったのですが、「Ａ社が、クレームを記載した顧客に対して、むきになって反論を行っている」と他の顧客に見られることのデメリットを考慮して、それ以上の追及をすることはやめました。

あえて無視することで得られることもある

　これらの体験から、特にインターネット上での悪評に対応する際には、「無視」することも必ず選択肢の１つとして案内するようにしています。

　１つ目のエピソードのように、身近な人が投稿者であることや、２つ

目のエピソードのように、対応をとった事実をさらにあげつらう人が相当数いるからです。

　けれども、せっかく弁護士に相談に来たのに、「無視してください」なんてアドバイスをもらったら、顧客が不満に思うのではないかと心配になりますよね。

　そんなときには、依頼者の話を全て聞き、気持ちに完全に寄り添ってから、最後の最後に、「無視する」の選択肢を案内するようにしています。

　このとき私は、「無視」が、「強者の態度」であることを話しています。

　すなわち、「無視」した場合には、インターネット上に悪評が残ってしまうわけですが、世にあまたある商品やサービスで、全くネガティブな意見が存在しないものはないこと（あるとしたら、それは詐欺的な何か）や、悪評も１つの意見として存在することを容認し、それを受け入れている会社なのだというのがブランドであるということを納得してもらえるように心がけています。

体験談２

インターネット上の案件の注意点

弁護士 12 年目　男性

発信者との交渉は原則発信者を特定してから

　発信者は、特定されない限り強気に対応してくることが多いです。そこで、基本的には発信者に対する投稿削除や損害賠償などの交渉は、発信者を特定した後で開始するように心がけています。もし、発信者の特定がかなわない段階、つまり発信者がいまだに匿名の段階で交渉を開始

すると、依頼者や代理人が誹謗中傷を受けることもあるので注意が必要です。反面、発信者特定の手間が省けることから、あえて特定前にSNSのコメント機能などで発信者に連絡をとる弁護士もいます。奏功すれば被害者を救済できるものの、個人的にはリスクも高い選択だと思います。実際に、発信者を特定する前の交渉が原因で炎上してしまった例もあります。

投稿やアカウント削除のリスク

また、発信者の特定前に動いていることを知られてしまうとアカウントや投稿が削除されてしまうことがあります。特に一部SNSではアカウントを削除されてしまうと一定期間でコンテンツプロバイダが本来保有している情報を消失してしまう例があります。つまり、発信者を特定できる時間制限が早まってしまうケースがあるのです。このときは米国の法人が運営するSNSについて情報開示を請求し、当時必要だった米国からの書類の取り寄せまでして法的手続を進めました。しかし、相手方に代理人がつく頃にはすでに情報が失われてしまっており、申立てを取り下げる羽目になりました。また、投稿やアカウントを削除されてしまうと、証拠の保全も難航します。早く証拠を保全しておけばいいのに、うっかり後回しにしていて、気づいたらアカウントを削除されてしまい証拠の保全に難儀した事案を複数経験しています。特に投稿やアカウントの削除は予兆なく実行されるので、できるうちに素早く証拠保全まで済ませておくのが鉄則といえるでしょう。

技術的な理由で特定できない可能性も

インターネット案件で加害者、つまり発信者の特定を進める際に必ず依頼者に説明しておかなければならない事柄の1つが、法的な理由では

なく、技術的な理由により発信者を特定できない可能性です。弁護士倫理上結果を請け負うことはできませんが、現状、100％特定できると断言できるような案件は皆無ではないかと思います。なぜなら、受任時点では開示される情報の内容がわからないのですから、必ず特定できると確実なことがいえるケースは皆無といっても過言ではないわけです。このことを念頭に置いて、受任前には法的な理由ではなく、技術的な理由によって特定に至らない可能性があることをよく依頼者に説明するように心がけています。

　そのケースとしては、VPN や Tor が使われているケースはもちろん、マンションなどの集合住宅が契約主体となっていて使用者のマンション名までしか判明しないケースや、鉄道会社、カラオケボックス、旅館・ホテルなどが公に提供している回線が投稿に利用されたような場合などです。その他にも、さまざまなケースが考えられます。せっかく情報の開示を受けたのに、開示された契約主体が鉄道会社だった事案では、投稿に利用された回線も鉄道会社の提供する駅の公共 Wi-Fi でした。この事案では残念ながら発信者の特定に至りませんでした。

意外とハードルが高い権利侵害

　インターネット案件の権利侵害の立証は、依頼者が思うよりハードルが高い場合もあります。例えば名誉毀損の場合の投稿内容の真実性などの本来抗弁に当たる事項も、インターネット案件では被害者側が投稿の反真実性を立証しなければならないなど、通常のケースとは立証構造が異なることもあるため、注意が必要です。特に反真実性の立証は、例えば、特定の犯罪を行ったと事実無根の投稿をされてしまった依頼者のケースでは、被害者の側で該当する犯罪をこれまで一度も犯していないことを立証しなければなりませんでした。犯罪を犯したことがあると立証するより、ある特定の犯罪をこれまで一度も犯していないと立証する方が大変で、いわゆる悪魔の証明を求められるのに近いケースもありま

す。また、名誉感情侵害などの際に裁判所が違法か否かを判断するために用いる、いわゆる受忍限度の基準も、不法行為が成立するか否かを分ける基準のため、依頼者の想定よりは高いところにラインが引かれている場合もあります。そのようなケースでは、依頼者に法律相談の段階でしっかりと法的対応が困難な事案であることを説明するようにしています。

ワンポイントアドバイス

　電車の中でスマホを見ている人がいないことはありません。インターネット投稿トラブルは、昨今、どんな弁護士でも一度は相談を受けた経験があることでしょう。ITには不慣れだから……、と逃げてばかりはいられません。匿名性の高いインターネットだからこそ権利救済には相手方の特定に関する手続が必須です。また、相手方の特定は、ログの保存期間との関係で、迅速な対応が求められます。

　体験談1では、手続を進めることによるデメリットが語られています。怒りに震える相談者をクールダウンさせることも、時によっては弁護士の役割でもあります。

　無辜の相手方に権利主張をしないようにするためにも、相手方の特定と迅速な方針決定は重要です。体験談2を参考に、まずは全体像をつかみましょう。

Method
02

相手方の特定方法・特定
に始まる開示制度の全体像

▶ **まずはサーバーの管理者を
調査しよう**

——発信者情報開示制度は、まず何を行い、どのようなルートをたどる
のか。前提となる事情によって実務的な対応はかなり異なるため、ここ
ではその全体像を概観する。

発信者情報開示制度全体の流れ

　発信者情報開示制度における発信者特定までの流れは、一般的には以
下のとおりです。

◆共通

　⓪ URL の確認、ウェブサイトの証拠化、権利侵害の明白性の検討

　　　　↓

　Whois 検索を利用したサイト管理者の特定

　　→サイト管理者が特定できない場合、サーバー管理者の特定

◆匿名掲示板型サイトへの投稿の場合

　①コンテンツプロバイダ（以下「CP」といいます）に対する発信者
　　情報開示命令（IP アドレス、タイムスタンプ）

　　※削除請求についても裁判が必要となるウェブサイトの場合には、

民事保全手続を用いて同時に削除の申立ても行います。

②①による開示命令の発令に従い CP から開示された IP アドレスを
もとに、通信に使用されたアクセスプロバイダ（以下「AP」とい
います）を特定

→当該 IP アドレスを Whois 検索をすると、「組織名」「organiza-
tion」「descr」等として、二段階目の開示請求を行う相手とすべ
き AP が表示されます。

③AP に対する発信者情報開示請求（発信者の氏名や住所、電話番
号）

④発信者が MVNO 端末を利用しており、開示請求相手方である AP
が発信者の情報を保有していないとの答弁があった場合

→MVNO が通信設備を提供している MVNO の社名について任意
開示を受けられない場合には、提供命令の申立てを行います。提
供命令により提供先の MVNO 等の AP が判明した場合には当該
AP に対して発信者情報開示命令の申立てを行い、発信者と契約
関係にある AP が判明するまでこれを繰り返します。

⑤発信者への意見聴取

⑥開示命令の発令、発信者の特定完了

◆アカウント登録型のウェブサイトや SNS の場合

①CP に対する発信者情報開示命令（IP アドレス、電話番号及びメー
ルアドレス）

②①で電話番号が入手できた場合、当該電話番号の契約者情報を弁護
士会照会等を用いて入手し、発信者の特定を行います。

③①で電話番号の開示を受けられなかった場合、「匿名掲示板型サイ
トへの投稿の場合」における②以下と同様のプロセスをたどり、発
信者の特定を行います。

◆発信者が住所氏名等を登録する必要のある会員制サイトや、
独自運営サイトの場合

①CP に対する発信者情報開示命令（IP アドレス、氏名、住所、電話
番号、メールアドレス）

027

②①による氏名、住所が実在のものである場合

　→発信者の特定完了です。

③①よる氏名、住所が実在のものでない場合

　（ア）電話番号が開示されれば、電話番号契約者について弁護士会
　　　照会により発信者の特定を行います。

　（イ）電話番号の開示を受けられなかった場合、「匿名掲示板型サイ
　　　トへの投稿の場合」における②以下と同様のプロセスをたどり、
　　　発信者の特定を行います。

令和4年改正プロバイダ責任制限法施行による新制度が活用できる場面は限定的？

　匿名掲示板型サイトに権利侵害情報投稿がなされている場合、従来、上記のように二段階の手続が必要で、このような二段階の手続を行うには時間的コストと手間がかかり、その間にAP側のアクセスログの保存期間を徒過して発信者の特定ができなくなるといった問題等が指摘されていました。このような問題を踏まえ、令和4年10月1日施行の改正プロバイダ責任制限法により、上記二段階の手続を、一体的に審理することが可能となる新制度（非訟手続）が創設されました。しかし、詳しくはMethod 16のとおりですが、新制度の目玉である提供命令については運用上の弊害も多く、実際には、提供命令の申立ては付随して行わず、上記のようにCPとAPに対する二段階の開示命令の申立てを行う場面が多くなっているのが実情です。そのため、上記は、提供命令の申立てを同時に行わないケースを念頭に置いています。もっとも、新制度が活きる場面もありますので、Method 16もご参照ください。

まずは Whois 検索で管理者を特定

　発信者情報の開示も、問題投稿の削除も、原則としてサイトの管理権限を持っている者を相手として行っていくため、まずはサイト管理者を調べます。サイト管理者は、ウェブサイトのヘッダーやフッターに用意されている「運営会社」「お問い合わせ」のページや、「利用規約」のページから確認するのが基本ですが、ウェブサイトのどこを見ても記載されていない場合がありますので、そのような場合は、Whois 情報の横断検索サイトを利用します（→13 頁 Whois 検索）。

　サイト管理者がドメイン取得代行業者を利用しているなどの事情があり、Whois 検索を利用してもサイト管理者がわからない場合、AP 特定のための IP アドレス、タイムスタンプ等の開示請求は、サーバー管理者を相手に行っていくことになります。このような場合、ウェブサイトの URL のドメイン名部分について DNS で正引きすることで、サーバーに割り当てられている IP アドレスがわかりますので、当該 IP アドレスを Whois 検索し、サーバーの管理者を調べます。

体験談 1

開示関係役務提供者を特定する

弁護士 12 年目　男性

権利侵害の生じているサイトの URL を確認する

　侵害情報の流通によって権利が侵害されているとき、権利侵害の生じているサイトが必ず存在します。まずこの権利侵害の生じているサイトの URL を知る必要があるため、法律相談の実施までに必ず URL を教

えてもらうようにしています。昨今では、証拠となるスクリーンショットが捏造されて提供されたという事案もあるため、必ず弁護士自身で実際の URL を確認するように心がけています。しかし、相談までにすでにサイトから情報が削除されているケースも少なからずありました。そうしたケースでは、ウェブサイトをアーカイブしているサイト（「Internet Archive」https://web.archive.org/ 等）に URL を入力し調査するようにしています。実際に調査したところ、過去のウェブサイトのアーカイブによって権利侵害を確認できたケースも多くあります。少なくともアーカイブサイトなどで権利侵害が存在していた証跡が確認できない場合、法的手続に進むか否かはかなり慎重な判断が必要になってきます。実際にも権利侵害を現認できず、さらにアーカイブサイトでも確認できない場合は、依頼者の保全したスクリーンショットなどでしか証拠資料がないということになり、証拠の保全という意味でも法的手続を進めるにあたって不安が残ります。

証拠の保全は PDF で

　権利侵害の生じているサイトは、PDF で証拠を保存しています。設定にもよりますが PDF で保存すれば保存した時刻とサイトの URL が自動で記録されるため、インターネット案件をやり始めた初期から訴訟などの法的手続に適した保存方法となると考えています。URL の保存は、これが欠けていると証拠価値を否定される可能性もあるため、特に気を配っています。

独自運営のサイトか否かが最初の分岐点

　権利侵害の生じているサイトを確認できた場合、まずは、そのサイトが発信者によって運営されているのか、あるいはコンテンツプロバイダ

などの事業者によって運営されているのかを確認するようにしています。会社のホームページや、WordPress 型のブログサイトなどは発信者自らがレンタルサーバーを借りて運営しているためレンタルサーバー事業者を相手方として情報開示を請求すれば足ります。このケースは、レンタルサーバー事業者が発信者の氏名や住所などを保有しているのが原則であるため、一段階の開示請求で発信者の特定に至ります。

　これに対して、Facebook、YouTube、X（旧 Twitter）や Instagram などの SNS は、原則的にプラットフォーマーと呼ばれる IT 企業が運営しています。このように発信者に情報発信の場を提供している事業者をコンテンツプロバイダと呼びます。コンテンツプロバイダが介在する場合は、SNS を運営しているコンテンツプロバイダに対して一段階目の情報開示を求めることになります。そのうえで、アクセスプロバイダと呼ばれる、発信者の使用する通信機器とコンテンツプロバイダの運営するサイトの蔵置されたサーバーとの通信を媒介した事業者に対して情報の開示を請求する、二段階の開示手続が必要になります。アメーバブログ、ライブドアブログ、note などの事業者提供型のブログサービスも、同様です。

発信者独自運営型サイトの場合

　発信者独自運営型サイトか事業者提供型サイトかは、基本的にサイトを観察して一次的に判断しています。といっても技術的にそれほど難しい話ではなく、コンテンツプロバイダ介在型の事業者提供型サイトは、普通ユーザーの情報発信を促す説明書や利用規約などが用意され、一般に公開されているので、そうした表記があればコンテンツプロバイダ介在型、ユーザーに情報発信が許されている形跡のないサイトの場合は発信者独自運営型という推認をしています。

　発信者独自運営型サイトと判断した場合は、サイトの保存されているサーバーを管理している事業者を特定します。Aguse（https://www.

aguse.jp/）などのサイトを使うことが多いです。例えば、Aguse の場合、問題のサイトの URL を入力すれば、該当サイトのサーバーを管理している事業者を確認することができます。このとき注意しなければならないのはドメインの管理事業者ではなく、サーバーの管理事業者を調べることです。現在 Aguse の場合、「正引き IP アドレスの管理者情報」として表示される事業者がこれに当たりますので、こちらを確認するなどして開示関係役務提供者を特定しています。

SNS 型のサイトの場合

　これに対して、SNS 型のサイトの場合、運営事業者の特定はより容易かもしれません。通常は利用規約や運営会社概要のページに法人名や連絡先などが記載されているからです。さらにいえば、Facebook、YouTube、X（旧 Twitter）や Instagram などの SNS は、運営法人も含めて公知の事実のようになっているところがあります。また、利用規約は開示関係役務提供者の立証にも使えるため、SNS などの運営者を確認する際には、利用規約を閲覧するとともに証拠保全するようにしています。

　もし、そうした表記のないコンテンツプロバイダの場合は、発信者運営型のサイトと同様に Aguse などのサイトを利用してサーバーの管理事業者を調査して開示請求の相手方を特定していますが、そういったケースはこれまでほとんど経験していません。

日本での法人登記について

　主要 SNS など多くのサイトの運営事業は、海外の法人となっています。この場合は、該当の法人が日本で登記しているかどうかが重要となってきます。かつては、例えば米国法人であれば米国の役所から資格

証明として通用する書類をエアーメール等海外輸送で取り寄せていました。しかし、令和 4 年の夏頃から、主要な米国法人などが日本で続々と法人登記をしており、現在、多くの SNS などにおいて、国内法人と変わらない流れで開示請求をすることができるようになりました。Google や Microsoft などをはじめとして、TikTok や cloudflare などの海外法人も日本で法人登記をするに至っていますので、まずは、法的手続を行う相手方法人の日本での登記の有無を確認するようにしています。その際、国税庁の法人番号公表サイト（https://www.houjin-bangou.nta.go.jp/）などが一次検索に便利です。

ワンポイントアドバイス

　発信者情報開示はやや特殊な制度である上に、前提となる事情によって実務的な対応ルートがかなり異なってくる場合があります。さらに、IP アドレスのログの保存期間が限られていたり、問題の投稿が削除されるなどして証拠保全に難があったりするのも、大きな特色です。そうした中で初動対応を誤るととりかえしのつかないことになりかねません。本章の体験談で整理されているような類型を意識しつつ状況を整理し、ロードマップを作って事件処理に当たることをおすすめします。

▶ **投稿の特定が全ての始まり**

――インターネット上の表現による権利侵害を理由に投稿記事の削除や
発信者情報の開示を求めるにあたっては、対象とする投稿記事を厳密に
特定する必要がある。もっとも、実務上直面する投稿の中にはその対応
に苦労するものも。

投稿記事目録の活用

　投稿記事の削除等を求める際には、削除等の対象となるべき投稿記事
をきちんと明示・特定する必要があります。基本的には当該投稿記事の
URL や投稿者（投稿アカウント名）、投稿日時、投稿内容等により特定
することになりますが、このような特定要素は相当数に及ぶことも多い
ことから、別紙として投稿記事目録を作成し、これを申立書に添付する
ことが通常です。

　最近では、投稿者自身が作成・投稿した文字情報とともに、これとは
全く別の投稿記事を上記文字情報に引用して投稿する、いわゆる引用リ
ポストに代表されるようなインターネット特有の表現手法もみられます
が、このような投稿についても、当該引用部分が権利侵害の一部を構成
していると判断できるような場合には、これも削除等の対象として投稿
記事目録中に記載します。その際、右クリックで表示されるウェブキャ

プチャ機能を用いて、引用部分を含め問題となる記事全体を切り取り、これを投稿記事目録中に貼り付ける方法が便利です。

　なお、裁判手続によらずウェブフォーム等を利用してコンテンツプロバイダ等に任意の投稿記事の削除を求める場合にも投稿記事の特定は必須ですが、この場合、各ウェブサイト上に特定のために必要な情報が指定されていることが多いため、そのようなケースでは、当該ウェブサイト上の表記に従って投稿対象を特定することになります。

対象とすべき範囲の問題

　インターネット上における表現媒体としては、掲示板やブログ、SNSや動画サイトのコメント欄などさまざまなものがあり、ブログであれば1つの投稿が比較的長文となっているケースが多い一方、SNS等では数行の文章ないし数単語の投稿にとどまることもあります。このように、インターネット上の表現媒体の特徴、機能に応じて1つの投稿を構成する文量もさまざまですが、インターネット上の表現による権利侵害を理由に投稿記事の削除等を求める場合に特定を要する投稿の範囲は、必ずしもその投稿の個数に応じたものではありません。投稿単位としては1つの投稿であっても、当該投稿全体が権利を侵害する場合ばかりではなく、1つの投稿の中でも権利を侵害する部分とそうではない部分に区別できることが多いことから、表現の自由との関係で、1つの投稿のうち特定の部分の表現内容のみが問題となるときには、当該特定の表現部分のみを投稿内容として特定したうえで投稿記事目録を作成する必要があります。特に、比較的長い文章が掲載されるブログ等における権利侵害投稿が問題となっている場合には、そのような作業を適切に行うことが要求されます。

投稿範囲の特定方法

　権利を侵害する部分と他の部分とを明確に区別できるようであれば、どの部分までを削除請求等の対象とすべきかという点で迷うことは基本的にはないですが、これが必ずしも明確に区別できなかったり、問題となる投稿が1つの投稿のうち複数の箇所に分散して存在したりしているようなケースでは、特定の際にやや工夫が必要となります。

　権利を侵害する投稿の範囲を確定することが困難なケースでは、権利侵害の核心というべき投稿部分を中心に、その範囲がどこまで及んでいると評価すべきかを検討することになります。当該核心部分の前後の文脈や核心部分との関連性の濃淡等に照らして、当該核心部分における権利侵害と一体化していると評価できる部分のほか、権利侵害を際立たせていたり、暗示していたりすると評価できるような部分についてもその範囲に含めることが考えられます。

　また、依頼者としては権利侵害を構成するか否かが必ずしも判然としない、いわばグレーの表現部分についても通常は削除等を希望しているでしょうから、迷ったときには投稿を広めに特定することが申立人側の姿勢としては適切でしょう。

　権利侵害を構成する部分が1つの投稿のうち複数箇所に分散して存在しているときは、各投稿部分を区切って「対象部分①」「対象部分②」等として、各投稿部分を別個の対象としてそれぞれ特定したうえで、これらの投稿部分ごとに権利侵害の具体的内容を主張することになります。もっとも、投稿記事目録上は別個の投稿として特定されているものの、いずれも同一の投稿記事内における投稿内容という意味で話題としては共通している場合が多いため、主張すべき権利侵害の内容も事実上重複することも多いと思われます。

　なお、上記ブログ等における一部の投稿部分のみが問題となる場合につき、多くの表現媒体ではそもそも1つの投稿のうち特定の部分のみを削除等することが技術的に不可能である場合がほとんどであるため、そのような場合には、削除等が可能な最小単位（例えば、レスごとや投稿

単位ごと）をもとに、投稿記事目録中にもこれに即した記載をすることになります。この点はあらかじめコンテンツプロバイダのウェブサイト等で確認するなどし、どうしてもわからない場合には、双方審尋期日において相手方代理人からのこの点に関する反論を待ったうえ、必要に応じて投稿記事目録の訂正申立てにより対応することになるでしょう。

体験談 1

使用デバイス等により
URL が異なる場合にどうするか

弁護士 1 年目　男性

URL の不一致

　私が弁護士になって一番初めに担当した投稿記事削除の仮処分を求めた事案における体験です。依頼者より Facebook 上のある投稿を削除してほしいと依頼があったため、問題の投稿が実在することを確認したうえで、申立書に添付する投稿記事目録に当該投稿記事の URL を記載すべく、依頼者から交付を受けた当該投稿内容が印刷された紙面をもとに、事務所の PC を使用して検索エンジンから当該投稿が記載されたウェブページを見つけ出しました。ところが、投稿記事目録中に当該ウェブページの URL をコピペしようとした際、PC 上に表示された URL をよく確認すると、これが上記依頼者から交付を受けた紙面上に表示されている URL と一致していないことに気が付きました。

　確認してみると依頼者より交付を受けた紙面上では、その使用しているアカウントから Facebook にログインした状態で対象のウェブページが表示されていた一方、私の PC 上では、Facebook にログインせずブ

ラウザ上で当該ウェブページを開いているという違いがありました。そこで、実際に私のPC上に表示されたウェブページのURLを投稿記事目録中にコピペした後に、あらためて当該投稿記事目録上にコピペ済みのURLの表記をクリックし、当該URLが指し示すウェブページを表示して確認してみたところ、確かに上記依頼者より交付を受けた紙面上の投稿記事と同一の内容の投稿記事が表示されたことから、どちらを採用しようと間違っていることはないだろうと考え、そのままPC上で表示されたウェブページのURLをコピペ記載した投稿記事目録を裁判所に提出しました。

正しい URL の存在

　ところが、迎えた双方審尋期日においてプロバイダ側の相手方代理人より、申立人側から提出を受けた投稿記事目録記載のURLでは問題とされている投稿記事を削除することはできないとの指摘を受け、最終的には投稿記事目録を訂正することになりました。つまり、いずれも同じ投稿記事内容が表示されるURLであるにもかかわらず、プロバイダ側で削除をするにあたっては、対象として特定すべき正しいURLとそうでないURLが存在していたのでした。これは、表示されるウェブサイトは同一のウェブサイトであるものの、その検索方法や同ウェブサイトへの到達経路によりURL（の末尾）に乱数が生じていること等から引き起こされている現象と考えられますが、いずれにせよ、こうした技術上の問題をクリアしたうえで正しいURLを特定する必要がありました。

　こうした異なるURLの表示の問題は、スマートフォンから対象の投稿を閲覧するか、PCからこれを閲覧するかという使用デバイスの違いにより生じる場合もあります。

教訓

　とはいえ、いずれの URL が特定対象として正しいかは、基本的には削除請求が認められたときに問題とされている投稿記事を削除する義務を負うプロバイダ側が判断できるものといえます。申立人側でどうにか調べるということもあり得ますが、その特定も困難な場合が多いです。他方で、最後まで誤った特定をしたままでいると、仮に権利侵害等の要件を満たし削除の仮処分命令等が発令されたとしても、対象としているURL が不適切である以上、プロバイダ側では当該不適切な URL を引用した主文で命じられた義務は履行のしようがないということになり、発令まで至ったにもかかわらず、結局のところ申立ての目的が達成されないという事態にもなりかねません。

　したがって、このようなケースでは、正しい URL の特定にこだわりすぎる必要はなく、差し当たり投稿記事目録中にはいずれかの URL として特定するとともに、例えば、投稿記事の削除を求める仮処分の申立てに際しては、申立書面上にて一言、「投稿記事目録記載の URL では削除ができない場合には、相手方代理人において同目録記載の投稿記事を削除することが可能な URL を明らかにされたい」などと明示した状態で申立てを行うことが考えられます。そのうえで、相手方となるプロバイダ側の代理人が明らかになった時点で、その代理人に対し、投稿記事目録記載の URL の記載で問題がないかを確認し、正しい URL の記載方法の教示を受けた場合には、速やかに訂正申立の形で正しい URL の表記をした投稿記事目録をあらためて提出するという流れをとることが考えられるでしょう。

　URL が特定できていないがために依頼者の目的が達成されないといったことが起こらないよう、発令段階までに正しい URL を投稿記事目録中に掲げることの重要性を、この事例を通じて認識しました。

証拠保全は対象投稿の前後や、
最新の投稿まで

弁護士 3 年目　女性

マニュアル本の手順を参考に……

　自分に対する批判を書くことだけが目的のアカウントがつくられ、自分のプライバシー情報や誹謗中傷が投稿されているとの相談を受け、受任しました。

　いわゆるマニュアル本には、削除や発信者情報開示対象の投稿の証拠保全の重要性については口酸っぱく説かれています。

　例外なく、私も、対象投稿については、相談があったときには直ちにURL も含めて印刷保存をするなどして、証拠保全については気を払っていたつもりでした。

アカウントが削除されていた

　しかしながら、いざ裁判手続をしたところ、裁判官から、当該投稿による誹謗中傷が依頼者のことを指しているのかどうかよくわからないとか、当該投稿が掲載されている掲示板を閲覧している通常人が、私の主張どおりに当該投稿の文脈を読むのかよくわからないという指摘をされました。

　確かに、本件アカウントは、依頼者を攻撃することを目的に作成されていたため、1 つひとつの投稿を見ると、わざわざ依頼者名を名指しすることなく繰り返し用いられていた隠語で誹謗中傷したり、プライバ

シー情報を記載したりしているものもありました。

　しかし、前後の投稿においては明確に依頼者の名前が記載されている
ものがあったため、前後の文脈からすれば依頼者を指していることや、
依頼者の名誉を毀損する投稿であると読めることを立証しようと思いま
した。

　そこで早速、事務所に戻り、本件投稿の前後の投稿を確認しようとし
たところ、何と当該アカウント自体がいつの間にか削除されていたこと
に気が付きました。

なんとか事なきは得たものの……

　本件については、依頼者がたまたま当該アカウントの投稿を全て保存
していたことがわかったため、それを提供していただくことで事なきを
得ましたが、対象投稿の前後はもちろん、対象投稿以外でも、誹謗中傷
とまではいえないが依頼者に関してなされた投稿や、投稿者のプロ
フィール部分などにも、権利侵害性等を立証するヒントが隠されている
ことがあるために、注意が必要です。

　申立てをする際には不要な部分まで保存したり印刷することは手間暇
ではありますが、きちんと手を尽くしておくことが重要だと感じました。

証拠に「URL」の印字がない！

弁護士 3 年目　女性

公表場所の特定には「URL」が必須

　権利侵害の立証にあたって、問題となる投稿を特定し、当該投稿がインターネット上で公表されていたことの立証のために、URL の証拠化が必須とされています。URL は投稿の特定という点で、任意請求でも必要ですが、特に裁判手続の場合には、知財高判平成 22 年 6 月 29 日平成 22 年（行ケ）10082 号裁判所 HP〔28161765〕は、「インターネットのホームページを裁判の証拠として提出する場合には、欄外の URL がそのホームページの特定事項として重要な記載であることは訴訟実務関係者にとって常識的な事項である」と判示しており、URL の記載のない印刷物について、その証拠価値を認めていないことからしても、その証拠化の重要性は高いです。

債権者が提出した疎明資料に「URL」の印字がない！

　私が、債務者（コンテンツプロバイダ）の代理人として対応した発信情報開示の仮処分事件で、相手方である債権者から、権利侵害情報の立証のために提出された疎明資料に URL の印字がされていないことがありました。

　申立書の投稿記事目録の「閲覧用 URL」には URL が記載されており、同 URL のリンク先のウェブページの証拠として疎明資料が提出されていましたが、当該疎明資料自体には URL の印字がされていませんでし

た。コンテンツプロバイダの立場としても、URL の印字がなければ、投稿記事の特定ができているとはいえない以上、任意開示には応じられるものではありません。

相手方弁護士の事情はわかりませんが、権利侵害情報をスクリーンショットや PDF で証拠化する際に URL の証拠化を失念したまま投稿記事が削除されたのか、そもそも依頼者から相談があった時点で投稿記事が削除されてしまっており、依頼者が持参した証拠には URL の記載がなかったのかもしれません。

結局、この事件は、他の理由で申立て却下となり、前記の URL 記載なしの疎明資料による権利侵害情報の立証の可否に関する判断はされませんでしたが、裁判所としても、立証として不十分であると考えていたのではないかと思います。

証拠化の際には「URL」を忘れず、削除されたページでも諦めない

このような事態とならないように、権利侵害情報を証拠化する際には、必ず URL がきちんと表示できているか確認しましょう。スクリーンショットの場合には、URL が切れずに表示されている状態で撮影し、URL が入りきらない場合には、ウィンドウやアドレスバーを広げて撮影します。印刷する場合には、ヘッダーかフッターに URL が印字される設定にし、念のため、実際に印刷してみて URL が切れてしまっていないかを確認することをおすすめします。

また、依頼者からの相談時点で、すでに記事が削除されてしまっており、依頼者の持参した証拠に URL が印字されていなかった場合でも、検索サイトのキャッシュから削除前のウェブページを確認したり、「Internet Archive」や「ウェブ魚拓」（https://megalodon.jp）から探せる可能性もあります。削除されているからといって、すぐに諦めず、これらの方法で証拠化できないか検討してみるのがよいと思います。

ワンポイントアドバイス

　履行確保のため、投稿記事目録には正しい URL を記載する必要があります。使用デバイスによって異なる URL が表示されるなど、特定に不安がある場合には、必要に応じて相手方に対して URL が適切かを確認することが考えられます。

　立証活動のため、問題投稿の証拠化が必要となるのは当然ですが、証拠化の際は、依頼者が問題と考えている投稿に加え、その前後の投稿、その他関連する可能性がある投稿などもあわせて早期に証拠化しておくことが肝要です。また、証拠化の際は、URL が印字された状態にしておくことを忘れないようにしましょう。

▶ 事件解決のカギは
相手方の選び方にあり

——依頼者は、インターネット事件についての法的な知識に乏しいことや事案の性質上、被害感情が強いことから、自身の費用負担ができるだけ生じずかつ迅速な事件処理をするよう依頼してくることが多い。それに対し、誰を相手にすれば効果的な解決を得られるか、よく検討し、適切な判断を示すことが重要である。

投稿者か、サイト運営者か、プラットフォームか

　削除または発信者情報開示請求を行う場合、相手を誰とするかにより、交渉なのか裁判なのか、選択する手続が変わってきます。間違った相手や間違った手続を選択すると、それだけで時間をロスしたり、場合によっては、さらなる炎上を招くこともあります。

　そこで弁護士としては、投稿された場所や、投稿の内容（権利侵害の内容・程度）、投稿者の属性などをよく見極めたうえで、相手方として、投稿者か、サイト運営者か、プラットフォームか、誰を選択するか決定する必要があります。一般的には、削除に関しては、投稿者・サイト運営者は任意交渉に応じやすく、プラットフォームだと法的対応が必須で

ある、発信者情報については、投稿者は属性によるが、サイト運営者については法的対応が必須である、といった傾向があるため、事案に応じた具体的な検討が欠かせないといえるでしょう。

またサイト運営者やプラットフォームの対応は、時々刻々と変わることがあります。インターネット事案をあまり手掛けたことがない弁護士としては、本書やインターネット事件分野の類書の最新版で動向を確認するほか、インターネット事案を多く取り扱っている弁護士からの情報収集が有用です。

依頼者の中には、「プラットフォームに内容証明を打ってほしい」などと、安易に方法を指示する方もいますが、これに対し、依頼者の希望する方法の適否をきちんと判断しなければなりません。そのうえで、依頼者に対し、取り得る手段と、メリット・デメリット、費用感や手続期間の目安などを伝えるとよいでしょう。

体験談 1

便りがないのはよい知らせ？

弁護士 7 年目　男性

コストのかからない任意の対応

インターネット上の口コミや投稿が行われる場所は、キリがありません。一部の特殊な職業の人だけではなく、ほとんど全ての人がインターネットに口コミや投稿を気軽に行うことになったのは、2000 年代からです。その後、2010 年代、2020 年代と投稿のハードルが下がり、今では、一度もインターネット上に投稿をしたことがない人は、ほぼいないでしょう。

　このように、多くの人が投稿をしやすくなったのは、プラットフォーマーと呼ばれる事業者の存在が大きいと思われます。Google、Amazon、Facebook（現在はMeta）などに代表されるプラットフォーマーが、誰でも簡単に投稿しやすい仕組みと、投稿したくなる仕組みを整えたのです。

　このような仕組みで利益を得た半面、悪質な投稿への対応もプラットフォーマーの責務となりました。そのため、現在では、多くのサイト運営者が、第三者の権利を侵害する投稿に対し、投稿の削除等を依頼する問い合わせ窓口を設けています。

　この問い合わせ窓口は、基本的に無料で、プラットフォーマー側が任意に対応をするため、裁判手続等によって解決を図る場合に比べ、費用の面、時間の面で有利に働く場合が多いのです。

依頼をしたけれども返事がない

　このようにメリットしかないため、まずはプラットフォーマーへの問い合わせ窓口からの削除等をトライしてみることになります。

　喜び勇んでプラットフォーマーに依頼をし、どきどき、わくわくしながら待つこと2週間、何もない。3週間、何もない。4週間、5週間、6週間……結局2か月を経過しても返事が来ませんでした。

　「対応しないという結論なら、その旨、返事をしてくれればよいではないか！」と一言文句を言いたいところではありますが、プラットフォームには、（おそらく）毎日、とてつもない数の問い合わせが来ているのでしょう。

　そのため、「対応しない」という結論になった場合、回答を返さないというプラットフォーマーも存在するのです（もちろん、回答が返ってくる場合もありますし、対応は日々変化するので、ここでどのプラットフォーマーがどのような対応を行っているのかを逐一記載するのは控えます）。

このような場合には、回答が返ってこない＝対応しないという返事なんだと理解して、次の手続を進めるか否かについて、依頼者と協議することになります。

時間制限との兼ね合いに注意

依頼者の中には、「投稿について、任意の削除（プラットフォーマー側の自主対応）ができればそれでよし。ただし、なかなか任意の削除ができないようであれば、発信者情報開示請求も含めて裁判所の手続を利用して徹底してやりたい」との希望を持つ方もいます。

すでにご承知のとおり、発信者情報開示請求は、時間との闘いで、対象の投稿がなされてから、数か月が経過すると、通信会社側（経由プロバイダ）が保有しているIPアドレスとタイムスタンプの情報が消去され、開示ができなくなってしまいます。

通信会社（経由プロバイダ）のIPアドレス等の保有期間は、短いところで3か月のため、上記のような依頼者には、その点を説明し、かつ、任意の削除に対しては、回答にかなり時間を要することもあることや、返事がないことも考えられることも説明して、タイムスケジュールを設定する必要があります。

このタイムスケジュール設定を間違えたり、事前に上記の説明をしておかないと、「今からだと、開示請求までは難しい」という結論になってしまい、「最初からそれを説明されていれば！」と、依頼者との間でトラブルになりかねませんので、注意が必要です。

イケそうなサイト、
ダメそうなサイトの見極め方

弁護士 8 年目　男性

任意交渉は有用なのか？

　一般に紛争案件については、時間的にも依頼者の費用的にも、任意交渉で解決できるのであれば、それに越したことはないと思います。

　こと発信者情報開示事件については時間との闘いであるところ、仮処分の申立てや開示命令の申立てを行うよりも任意に開示してもらう方が当然早いですし、削除についても早期に任意に対応してもらう方が、大多数への伝播を防ぐことができ依頼者にメリットがあります。またいずれも、その後の弁護士費用の回収も難しいところがあるため、できる限り任意で対応してもらうことが望ましいといえます。

　他方で、相手方を見誤ると、弁護士からの任意削除等の依頼通知書を追加でアップロードされたりしてさらなる炎上を招いて依頼者の利益を損ねたり、任意交渉の反応を待っていたがために、法的手続のアクションが遅れたりするなど、取返しのつかない事態になりかねません。

　そのためには、相手方の見極めは重要といえます。

サイトの見極め方

　サイトの見極め方については、個人差があると思いますが、後輩に尋ねられたときは、私は次のように回答しています。このように見極めれば必ず大丈夫というものではないですが、あくまで傾向として参考にな

ればと思います。

①対投稿者との任意交渉

　ページビュー数を獲得することや、アフィリエイト等で金銭を獲得することが目的で、作成されているサイトについては、削除は、任意で対応されることが多いと思います。通知方法も弁護士からのメールの通知で足ります。

　またサイト内で、削除対応について言及されていたり、連絡先を積極的に記載したりしているサイトなども、対応される可能性があります。

　他方で、投稿者が恨みや、間違った正義感等の個人的感情で投稿している場合は、任意交渉で削除を求めることは逆効果になる可能性が高くおすすめできません。またサイトそれ自体からはどのような目的で運営しているかわからないサイトは、炎上した場合のリスクが大きいため、やはり抑制的に考える方がよいでしょう。

②対管理者との任意交渉

　投稿者ではなく管理者と任意交渉する場合、大手会社であれば削除については対応される可能性があります。この場合、内容証明で送付しても、テレサ書式（一般社団法人テレコムサービス協会が公開している「侵害情報の通知書兼送信防止措置依頼書」の通称）で提出し直しを求められることがありますので、テレサ書式で送信防止措置の依頼をすることになります。

　これに対し発信者情報開示については、任意で開示する大手会社はまずありません。発信者情報開示については、裁判手続をすることになります。

　他方、運営会社が、小規模、例えば運営者名に個人名や屋号が記載されている、もしくは運営者の記載がそもそもないようなサイトの場合、削除に関しては一定程度対応される可能性があります。通知方法も弁護士からのメールの通知で足ります。

　発信者情報開示については対応されないことがほとんどですが、ごく一部のサイトについては、テレサ書式で開示に対応するサイトもあります。開示するサイトは、開示申出先などを積極的に案内していることが

多いので確認するようにしましょう。

　各サイトの対応は、時間の経過とともに変わっていくのが実情です。他の弁護士の発信や書籍等で情報を小まめにキャッチアップすることも重要です。

ワンポイントアドバイス

　プラットフォーマーによっては、削除請求の窓口を設けているところがあります。また、確実に投稿者が判明しているような事例もあります。誰を相手に手続を進めるかは、第一段階の重要な判断になります。

　削除請求の窓口を設けているということは、そのような請求が、想像を絶するくらい届いている、ということです。そのようなプラットフォーマーに、過度な期待をすると、結果的に権利救済が遠のくことにもなりかねません。体験談1を参考にしましょう。

　体験談2では、相手方ごとの対応について、コツを伝授しています。数をこなしていくと、どんな会社が対応に積極的かがみえてきます。情報発信をしている専門家も多い分野ですので、まずは調べてみるのが得策でしょう。

> # ▶ 任意交渉？　裁判手続？／
> # 削除からやる？　開示からやる？

——投稿トラブルへの基本的な対応策は、当該投稿の削除を求めること
と（削除請求）、損害賠償請求や刑事告訴を見据え、投稿者を特定する
ための発信者情報の開示を求めること（発信者情報開示請求）の2つ
であるが、それぞれどのような手段があり、何からやればいいのか。

削除請求は、まず任意での削除を試してみる

　インターネット上に誹謗中傷等の違法な投稿がなされている場合、被
害者としては、当該記事が削除されることを望んでいることが多く、総
務省が運営を委託する違法・情報相談センターへの令和4年度の相談の
67％が削除方法の問い合わせであったと報告されています（インター
ネット違法・有害情報相談センター「令和4年度インターネット上の違
法・有害情報対応　相談業務等請負業務報告書（概要版）」参照）。被害
者の苦痛を取り除くために、早期に削除請求を実施することが必要であ
り、そのために以下のような手段が考えられます。

①任意交渉
　まず、サイト内に削除請求用フォームやお問い合わせフォームがあれ

ば、これらのフォームを用いてサイト管理者に削除依頼をすること、サイト上にフォームが用意されていない場合であっても、サイト管理者のメールアドレスが表示されている場合には、同メールアドレス宛てに削除依頼メールを送信することが考えられます。

　サイト上にこれらのフォームもメールアドレスも載っていない場合には、Whois 検索で、ドメイン名を検索し、登録されているメールアドレスに連絡してみることも一手です。

　これらのフォームやメールを用いた削除依頼の場合、必要な記載事項はサイトによってさまざまですが、①氏名、②連絡先、③削除対象（URL と削除依頼の対象の具体的箇所）、④削除を求める理由の記載を求められることが一般的です。メールアドレス宛てに連絡する場合など、特に記載事項が指定されていない場合であっても、これらの情報を記載しておくことが必要でしょう。

　また、一般社団法人テレコムサービス協会（以下「テレサ協会」といいます）のプロバイダ責任制限法ガイドライン等検討協議会が公表している「侵害情報の通知書兼送信防止措置依頼書（名誉毀損・プライバシー等）」を用いることも考えられます。同依頼書は、同協議会のウェブサイトに掲載されているガイドラインに収録されており、インターネットでダウンロードが可能です（プロバイダ責任制限法ガイドライン等検討協議会 https://www.telesa.or.jp/consortium/provider/参照）。

②裁判手続

　サイト管理者が上記①の任意での削除に応じない場合には、投稿記事削除の仮処分命令を裁判所に申し立てます（民事保全法 23 条 2 項）。申立て後は、双方審尋（同条 4 項）、認容の場合には、裁判所が決定した担保金の供託（同法 14 条 1 項）となります。投稿記事が削除されれば、担保金を取り戻して手続は完了となります。

　前記②の裁判手続の場合、疎明資料が必要であり、投稿記事の違法性が厳密に判断される一方、上記①の任意交渉の場合、サイト管理者の判断で削除が行われることから、必ずしも裁判所ほど違法性が厳密に判断

されるとは限りません。また、特にオンラインフォームからの削除請求であれば、簡易であり、短期間で削除される可能性があります。そのため、まずは任意での削除を求める方法を試み、削除が拒否された場合には、裁判手続に進むという流れがよいでしょう。

発信者情報開示請求は、IP アドレスからの 特定の場合にはログ保存期間に要注意

　依頼者が、投稿記事の削除にとどまらず、投稿者を特定のうえ、損害賠償請求等をすることを望んでいる場合、投稿者を特定するために発信者情報の開示を求めていくことになります。

①任意交渉・裁判手続の手段

　基本的には、前記の削除請求と同様に、オンラインフォームやメールを用いた開示請求のほか、テレサ協会のプロバイダ責任制限法ガイドライン等検討協議会が公表している「発信者情報開示請求書」を用いた任意での開示請求が可能です。そして、サイト管理者が任意での開示に応じない場合には、発信者情報開示の仮処分命令を裁判所に申し立てることになります。

②ログ保存期間

　もっとも、匿名サイトにおける誹謗中傷等のように、サイト管理者に対する IP アドレス等の開示請求（一段階目の請求）をし、開示された IP アドレスをもとに、接続プロバイダに対する投稿者の住所氏名の開示請求（二段階目の請求）により投稿者を特定する場合には、接続プロバイダのログ保存期間による制約があるため要注意です。通常、接続プロバイダは、各社の方針でログの保存期間（一般的に3～6か月）を定めており、当該保存期間を過ぎるとログは消去され、投稿者の特定ができなくなってしまいます。そのため、仮処分による発信者情報開示請求に必要な期間（約2週間）を考慮し、遅くとも投稿日から2か月以内には、IP アドレスの開示請求を開始しておく必要があり、任意での開示

請求をする場合であっても、並行して、仮処分申立ての準備を進める必要があります。なお、海外法人が運営するサイトの場合には、仮処分申立てからIPアドレス開示までに約1か月半程度かかるといわれており、より早く申し立てる必要があります。

相談されたら、まずすべきこと

弁護士3年目　女性

どこに投稿されたのか

　弁護士となってから初めて、発信者情報の開示及び削除の案件を担当することとなったとき、何から始めたらいいのか……と先輩に相談したところ、まずは依頼のあった投稿のURLを確認しなさい、とアドバイスされました。

　依頼者は「○○という書き込みがあった！　許せないので書き込んだやつを見つけたい！！」と相談に来られることも多く、肝心の投稿がどれか特定できていないという場合が意外と多いのです。そのため、具体的にどの投稿に関する相談なのか、まず依頼者とともにURLを特定する必要があります。

　これは、依頼者との齟齬が発生しないように必要なことであると同時に、今後の方針を決定するうえでも重要となってきます。

いつ投稿されたのか

　「URL を確認しました！　投稿に関して開示を求める裁判書面を作成しようと思います」と先輩に報告をしたところ、いつまでに申立てをすれば間に合うの？　と質問されました。なるべく早い方がいいということかな、と困惑していると、「ログには保存期間があるのだから、その期間内に手続が完了するように進行しないと、全く意味がなくなってしまうよ」と教えてもらいました。

　ログの保存期間とは？　と調べてみると、開示の方法には①コンテンツプロバイダが保有している発信者情報を直接入手する方法と、②アクセスログを逆にたどっていく方法の2種類あることがわかりました。②では、SNS 等のコンテンツプロバイダに対して投稿の IP アドレスの開示を求め、その IP アドレスをもとにアクセスプロバイダに回線契約者の情報開示を求めるというフローをたどります。開示される情報が二段階構造となっているうえに、アクセスプロバイダが保存する IP アドレスのログの保存期間があるため、当該保存期間内に開示を求めなければ、情報の突合が不可能となり発信者の特定ができなくなってしまうのです。ログの保存期間には法律上の規定はないため、各アクセスプロバイダの裁量で一定期間後に消去されるのが通常であり、国内の大手アクセスプロバイダであれば、通信から3～6か月で消去されるのが一般的なようです。

　なるべく早い方がいい、といった抽象的な話ではなく、具体的に特定が不可能となってしまう時期があると知り慌てて投稿日時を確認したところ、幸いまだ期間に余裕があったのでホッと胸を撫で下ろしました。

投稿が削除された？！　証拠をとった後でよかった！

　上記をふまえ、いよいよ裁判書面を作成するため、まずは問題の投稿を URL 及び投稿日時がわかるように PDF にし、証拠を作成しました。

この際、URL 等の必要な情報がきちんと入った状態で PDF が作成でき
ているか、しっかりと確認する必要があります。

　PDF を作成してからしばらくした後に、もう一度投稿を確認しよう
とサイトを確認したらなんと、問題の投稿がすでに削除されているでは
ないですか！　投稿者が、まずいと思って消したのでしょうか？　事情
は不明ですが、とにかく、投稿内容及び日時はもうサイトでは確認でき
なくなっていました。

　削除のみが依頼者の要望であれば大きな問題ではないのですが、開示
を希望しているのであれば、削除される前に証拠化しておくことが必須
です。削除される前に証拠化しておいてよかった、と冷や汗をかきまし
た。

サイトをよく読もう！

　さて、裁判書面を作成するために投稿のあったコンテンツプロバイダ
のサイトをよく読んでいると、「削除・開示についてはこちら」といっ
たお問い合わせフォームを発見しました。このサイトでは、裁判外での
交渉にも応じている可能性があるようです。このように、サイトをしっ
かり確認しないと気づけないこともあるので注意する必要があります。
　先輩にその旨を報告のうえ、先に裁判外交渉を行ってダメだった場合
に裁判手続を行った方が、依頼者の費用面では望ましいのではないかと
相談しました。そうすると、確かに費用面ではそうかもしれないが、裁
判外交渉の相手方の回答を待っているうちにログの保存期間が経過する
リスクの方が高いため、今回は裁判手続を優先させてよいとのアドバイ
スがありました。つまり、裁判外交渉に必ず応じるといった過去の実例
があるコンテンツプロバイダでない限り、裁判外交渉を優先することに
はリスクがあるようです。

初動が大切

　以上のように、発信者開示を行う場合には、相談時から素早く動くことが重要となってきます。初めての担当案件では、何度かヒヤリとしつつも無事に進行し、初動の大切さを学んだのでした。

体験談2

仮処分でメールアドレスの開示請求ってできたっけ？

弁護士3年目　女性

発信者情報開示請求における「保全の必要性」

　仮の地位を定める仮処分命令は、「争いがある権利関係について債権者に生ずる著しい損害又は急迫の危険を避けるため」必要であること（＝保全の必要性）が認められる場合に発令されます（民事保全法23条2項）。

　コンテンツプロバイダが保有するIPアドレスやタイムスタンプ等の開示請求の場合、接続プロバイダが通常アクセスログを一定期間しか保存していないため、本訴請求による開示を待っていては接続プロバイダにおいてアクセスログが消去され、投稿者の特定が不可能になる可能性があるとして、保全の必要性が認められています。これに対し、接続プロバイダが保有する氏名、住所、メールアドレス等の開示請求の場合には、一般的に、IPアドレスのような保存期間があるわけではありません。また、これらの情報が開示された場合、投稿者の特定に直接つながるものであり、本訴請求が棄却されたとしても元に戻すことはできない

ため、投稿者に与える不利益が大きいとして、保全の必要性は認められないとされています。

メールアドレスは「保全の必要性」が認められない

　私が、債務者（コンテンツプロバイダ）の代理人として対応した発信者情報開示の仮処分事件の中で、たびたび、開示請求対象の発信者情報として、投稿時のIPアドレス及びタイムスタンプと並べて、「電子メールアドレス」が列記されていることがありました。闇雲に発信者情報を列挙しているのか、債務者の保有状況を確認するためにあえて請求しているのかわかりませんが、上記のとおり、投稿者のメールアドレスについては、IPアドレスやタイムスタンプのように保存期間があるわけではない等の事情から、一般的に保全の必要性を欠くとされており、仮処分での開示は認められません。

　これらの発信者情報が開示請求対象となっている場合、裁判所にもよるかと思いますが、審尋期日の場で、裁判所から債権者に対して取下げを促す場合もあれば、審尋期日の時点ですでに取り下げている例もあるため、債権者面接で指摘される場合もあるのかもしれません。債権者として意図的に請求している場合でもなければ、結局、本訴を提起する必要があり二度手間となってしまうため、「発信者情報目録」を記載する際には、一度、各情報について、保全の必要性も含め、仮処分での開示請求が可能か確認することが必要かと思います。

　なお、上記のとおり、氏名、住所、メールアドレスの発信者情報開示の仮処分は認められませんが、発信者情報消去禁止の仮処分は可能であるとされています。

ワンポイントアドバイス

　本章の体験談にもあるとおり、発信者情報開示事件はIPアドレスのログの保存期間が限られていたり、問題の投稿が削除されるなどして証拠保全に難があったりするのが大きな特徴です。そうした中で初動対応を誤ると取り返しのつかないことになりかねません。受任した事案の内容を正確かつ迅速に理解し、何ができるか、何をすべきかをはっきりさせて方針を立て、着実に実行していくことが肝要です。

▶ 処理方針について
依頼者にしっかり確認しよう

——開示請求手続は一度対応を始めると、一定の結論が出るまでは依頼者の意向だとしても途中でやめることが難しい手続である。費用の問題もあるため、実際に着手する前に依頼者との間でしっかり処理方針を確認するようにしよう。

全体像を説明し、依頼者の意向を聞き取ろう！

　依頼者がいわゆる誹謗中傷の法律相談をする場合、（近時はあらかじめネット等で情報を調べてから法律相談に臨む場合もありますが）依頼者自身は法律の専門家ではないため、通常どのような手続が存在していて、具体的にどのような手続をとることができるのか十分に理解していないことが多いです。そのため、まず依頼者から背景事情を含めて事情を聞き取ったうえで、そもそも法的手続としてどのようなものが存在しているか、依頼者にわかりやすく説明しましょう。

　依頼者が本件でとりうる手続の種類をある程度理解してもらったうえで、依頼者が求める結果が特定の投稿等の削除であるのか、開示請求等をした後に加害者に対して損害賠償請求をしたいのか、あるいは告訴を

考えているのか等の方針決めをしていきましょう。

意向が決まっているようにみえる依頼者にも
念のため十分確認しましょう

　法律相談が始まった際、例えば依頼者が誹謗中傷をした相手方を特定して「刑事告訴をしたい」と述べていた場合、弁護士は依頼者から事情を聞き取ったうえで、告訴のための要件等を検討して回答することが考えられます。

　しかし、上述のとおり依頼者自身は法律の専門家ではないため、いわゆる「誹謗中傷」の案件についてどのような手続が存在し、今回どのような手続をとることができるのか十分に理解していない可能性があります。

　そのため、弁護士は、依頼者が相談の当初から希望する処理方針を有していたとしても、具体的事情を聞き取ったうえで対応可能な手段について、その他の処理方針も含めて依頼者に説明し、決定するようにしましょう。

　特に投稿が複数の媒体に及ぶ場合には、ログの保存期間等に注意が必要です。もし、案件処理を進めている途中で依頼者が別の手続をとりうることを知って弁護士に対応を求めた場合、仮に保存期間が過ぎてログが消去されてしまっていると「法律相談の時に説明を受けていれば保全も依頼していた」等といったトラブルになる可能性があります。

処理方針の説明の際に、
お金の話を十分に理解してもらうようにしよう

　開示請求の手続を行う場合の具体的な方法は Method 05 の解説で述べたとおりですが、多くは①発信者情報開示の仮処分、②発信者情報開

示請求訴訟を経て、発信者を特定することになります。

依頼者が発信者から慰謝料を得ようと考えている場合、方針決定の段階で特に費用の面について説明する必要があります。

開示請求の手続を行う場合、上記の①②の時点で空振りになってしまった場合や依頼者が途中でやめたいと考えて途中で終わった場合には、発信者もわからず当然慰謝料を得ることもできないため、依頼者にとっては弁護士費用がそのまま赤字になります。

また、仮に発信者が特定できた場合でも、発信者に資力がない場合も考えられること、裁判上認められる慰謝料額を考えると、和解をしたとしても弁護士費用が赤字になる可能性があります。

後から弁護士と依頼者の間で無用なトラブルが生じるのを避けるためにも、処理方針を決定する際に特に金銭面について依頼者に十分理解してもらう必要があるでしょう。

体験談 1

マシュマロや質問箱への投稿は「公然」か

弁護士 5 年目　男性

マシュマロってどんなサービス？

最近、「マシュマロで誹謗中傷された」という相談がありました。私自身は相談を受けるまで「マシュマロ」というものが何なのかわかっていなかったので、後から調べて回答しましたが、最近同じような質問が増えているため、情報共有のために体験談としてお話しします。

「マシュマロ」は食べ物のことを指すのではなく、合同会社 Diver Down が提供する匿名の相手方からメッセージを受けとることができる

サービスです（https://marshmallow-qa.com）。利用者がインターネット上で「マシュマロ」と呼ばれるサービスを利用すると、質問者は匿名で利用者にメッセージを送ることができます。

　現在は多くの人が SNS 上にアカウントを保有していますが、特にインフルエンサーや YouTuber、VTuber は、匿名での質問を受け付ける場所を設置することでファンとの交流を図っているようです。また、マシュマロと似たサービスとして、Peing―質問箱―や Mond、Querie.me など、多くの会社から同様のサービスが提供されていますが、いずれのサービスも質問者が「匿名」で設置者に対して質問をすることができる点に特徴があります。

過激な質問が問題となることも

　今回の相談は、匿名の人物から攻撃的な内容のメッセージが大量に送られてきているので困っている、何か対応することはできないか、というものでした。

　上記のとおり、マシュマロ等のサービスは匿名でメッセージを送って交流することができるため、インフルエンサー等に人気がある一方、送られてくるメッセージがマシュマロ等の設置者に対する攻撃にあたるものもあるため、問題となっています。

　もちろん、企業側も過激なメッセージが届くことがないように、サービス自体の機能として過激な言葉をはじいたり、投稿者からの問題のあるメッセージを届かないようにしたりする等の対策を講じているようです。

　しかし、特定の投稿者が複数のアカウントからメッセージを送る場合や、婉曲的な言い回しの場合、具体的な事実等の場合はサービスの機能としてメッセージをはじくことが難しく、対応がいたちごっこになっているのが現状です。

名誉毀損、侮辱を理由に開示請求したいけど……

　今回の相談内容はマシュマロに届いたメッセージの内容が設置者の外部的名誉を下げる可能性のある、名誉毀損的な表現でした。

　相談者としては、「マシュマロで誹謗中傷されたので開示請求したい」ということを希望していたのですが、マシュマロのサービスの特徴が問題となりました。

　マシュマロは、設置者が匿名のメッセージを確認して「自ら公開しない限り」インターネット上に公開されません。

　これは上記の機能によってマシュマロの設置者が「どのメッセージを話題にするか」を選ぶことができるため必要な機能ではあるのですが、名誉毀損や侮辱との関係では「公然性」が必要となります。

　仮に名誉毀損的なメッセージが送られてきたとしても、マシュマロのメッセージは自ら外部に公開しない限り他者の目に触れることがない点で、電子メールや LINE でのメッセージと同様、「公然性」を満たさないことになります。そのため、今回は名誉毀損や侮辱といった権利侵害を理由とする開示請求は難しいとの結論に至りました。

脅迫的な文言が入っている場合は「公然性」は不要

　他方で、マシュマロで送られるメッセージが生命身体財産等に対する害悪の告知に該当するような場合は脅迫に該当するため、「公然性」の要件は必要ありません。なお、マシュマロ公式は、脅迫的なメッセージが送られてきた場合に23条照会（弁護士会照会制度）に対応する旨の回答をしているようです。

　今回の法律相談では、相談者には他にもいろいろなマシュマロが届くので、今後もマシュマロに届くメッセージの内容を確認し、問題になった場合には再度相談に来ることになりました。

相手方代表者不在でも諦めない
〜特別代理人選任申立て〜

弁護士 3 年目　女性

2 ちゃんねる上の投稿を削除したい場合

　依頼者から、2 ちゃんねる（現 5 ちゃんねる）に対する投稿の削除を依頼された私は、まずはやり方を調べました。そして、通常は、以下のようなフローをたどることがわかりました。

　まず、債権者が裁判所に削除請求仮処分命令を申し立て、裁判所の審理を経て、削除命令の決定正本を取得します。そして、取得した決定正本写しを、2 ちゃんねる運営者が指定するスレッドへアップロードします。2 ちゃんねる自体がこの方法でなければ削除に応じないとしている（削除ガイドライン http://info.2ch.sc/guide/adv.html#saku_guide 参照）ため、原則としてこのような対応をする必要があります。

　なお、決定正本の写しをスレッドへアップロードする際には、アップロードした内容自体は誰でも閲覧できることに留意する必要があります。具体的には、公開したくない内容を黒塗りにしたり、対象の投稿が 2 ちゃんねる運営者により削除されたことを確認した後速やかにアップロード自体を削除したりする対応が考えられます。

　なお、本体験談に記載の内容は、あくまで当時の情報に基づくものであり、現状を説明するものではありません。実際に、本体験談執筆時にはすでに情報が変更となっております。そうした事情を予めご了承いただいたうえで、ご参照ください。

運営者の登記をとってみると代表者が不在？

　上記のとおり、２ちゃんねるに対する投稿を削除するには、仮処分を申し立てる必要があります。そして当然、仮処分を申し立てるには、債務者を特定する必要があります。コンテンツプロバイダを債務者とする場合、当該プロバイダの運営者が法人であれば、法人登記を利用する方法が一般的です。運営者自体は、サイトに記載がある場合はその記載を根拠に特定します。

　２ちゃんねる運営者は「PACKET MONSTER INC.」であるとサイトに記載があります（２ちゃんねるって？　http://info.2ch.sc/guide/faq.html#A2 参照）。当該法人はシンガポール法人であることがわかったため、登記を取得したところ、なんと、法人役員が誰一人存在しない状態となっていることがわかりました。また、日本の会社法346条１項に基づく権利義務取締役のような定めもシンガポール法にはないことも判明しました。つまり、このままでは PACKET MONSTER INC. を債務者として仮処分の申立てができません。私は、どうすべきか考えあぐねてしまいました。

特別代理人選任申立てという選択肢

　何とか申立てを行う方法がないか検討したところ、仮処分申立てと同時に、特別代理人の選任申立てを行うという方法に行きつきました。当時としては一般的な方法ではありませんでしたが、とにかくチャレンジしてみることにしました。

　特に注意すべき点としては、①特別代理人の報酬として少なくとも５万円以上の予納金が必要となること、②審尋が必ず開かれるため、無審尋の場合よりも期間を要することが挙げられます。特に①については、依頼者が負担する費用が増えてしまうため、事前にしっかりと説明しておく必要があるでしょう。なお、実際に特別代理人の報酬額がいくらと

なるかは、審尋後に裁判所が決定するため、5万円よりも高額となる可能性もあります。その旨もあわせて説明しておく必要があります。

　また、仮処分決定が発令されるまでに、債務者への送達を遅らせるように求める、いわゆる送達遅らせ上申を裁判所に提出することが望ましいです。これは、担保取消しの際に再度、特別代理人の選任申立てを行い、かつその報酬を負担するという事態を回避する必要があるためです。つまり、仮処分の発令のために供託する担保金の回収は、決定正本の送達前であれば簡易の取戻として債権者側だけの作業で可能ですが、決定正本が債務者に送達されてしまうと、簡易の取戻は使えず、担保取消しの申立てが必要となってしまうため、送達を遅らせることが必要です。もちろん、こうした上申は債務者の意見も踏まえて裁判所が決定するため、必ず認められるとはいえませんが、債権者として少なくとも上申自体はしておくべきでしょう。

不測の事態にも柔軟な対応を

　上記のように仮処分申立てと同時に特別代理人選任の申立てを行ったところ、裁判所に無事に認められ、結果として仮処分決定が発令されました。これにより、依頼者の希望をかなえることができたのでした。

　このように、発信者情報にまつわる事件では、相手方が海外法人であることも多く、かつインターネットサービスであり情報が流動的であるため、その特定に苦労する事態が発生することがよくあります。上記の方法自体も、今後、登記にまた変更があれば、それにあわせて対応を変更する必要が出てくるものと思われます。

　しかし、たとえ既存の方法が通用しない事態が発生したとしても、柔軟に対応することで、道は開けることもあります。不測の事態にも、諦めずにチャレンジすることが重要であることを、身をもって学んだ事件でした。

ワンポイントアドバイス

　当該投稿が、名誉権、プライバシー権、脅迫行為等のいかなる権利侵害を構成するのかを十分に検討の上、方針を検討する必要があります。

　サイトによっては特有の削除対応が必要となることがあります。初めて対応するサイトの場合には、特別な対応が必要となるかどうかを事前に調査しておくことが求められます。また、体験談2については削除対応方法が当時から変更となっています。削除対応の方法は日々変わりゆく可能性があるため、対応経験があるサイトであっても、対応方法の動向は注視しておく必要があります。

▶ その投稿、
本人のことだってわかる？

——SNS上にされたいわゆる「誹謗中傷」、投稿された側にとっては許し難いと思って開示請求等をしたいところであるが、その投稿は本当に「本人」に対してなされたものといえるのか？

名誉毀損の主張のためには「同定可能性」が必要

　刑法230条1項において、「公然と事実を摘示し、人の名誉を毀損した者は、その事実の有無にかかわらず、3年以下の懲役若しくは禁錮又は50万円以下の罰金に処する」と定められています。

　同条の構成要件として重要なのは、「公然」「事実を摘示」「人の名誉を毀損」の3点ですが、特にインターネット上の表現行為が名誉毀損に該当するかどうかという判断においては、当該表現が「誰」に対するものであるのか、同定可能性が問題となります。

　この同定可能性の争点は、古くはペンネームや芸名等でも問題になっていましたが、近時はインターネットが発達し誰でもSNS上に匿名で（ハンドルネームを含む）アカウントを持つことができるようになったことから、同定可能性が問題になることが多くなっています。

同定可能性の判断枠組み

　同定可能性の要件について明示的に示した判例等自体はないと考えられていますが、社会的評価の低下について判断基準を示した裁判例や判例から考えると、「『一般の読者の普通の注意と読み方』を基準として」（小説「石に泳ぐ魚」事件第一審　東京地判平成 11 年 6 月 22 日判時 1691 号 91 頁〔28050101〕）解釈したうえで、当該表現が「誰」を対象として言及しているのかを判断しなくてはなりません。

　その際には、必ずしも当該投稿のみならず、対象の投稿が記載された前後の文脈、記載場所（同一のスレッド等）の他の記載やその他の事情から総合的に判断して、特定の人物に対する言及であると判断できるかを検討していくことが必要です。

相談に際しての留意点

　同定可能性が問題となる案件においては、いわゆる「誹謗中傷」の投稿者が開示請求等を受けることを回避する目的で対象者を隠語で呼んだり、あえて主語を述べなかったりすることで「誰」に対しての言及か曖昧にしようとする事案がしばしば見受けられます。

　そのような場合も、相談を受けた弁護士は当該投稿のみから同定可能性を判断することなく、上記のような前後の文脈その他の事情から、「一般の読者の普通の注意と読み方を基準として」対象者のことを述べていると主張・立証することができるか検討すべきでしょう。

「対象者性」の要件

　なお、同定可能性と似ているものとして「対象者性」の要件について解説します。名誉毀損ではなく名誉感情侵害を権利侵害と主張する場合

は、当該投稿によって主観的な名誉感情が侵害されたことが必要であり、当該投稿が「誰」に対して向けられたものであるか「一般の読者の普通の注意と読み方を基準として」判断できるか、という「同定可能性」は厳密には必須ではありません。ただ、少なくとも当該投稿によって名誉感情が傷つけられたと主張するためには、当該投稿が自身に向けられたものであるということを合理的に示す必要があると考えられます。

体験談１

インターネット上の存在と名誉毀損

弁護士７年目　男性

ハンドルネームにのみ紐づいた活動

　人間には、氏名、住所などがあります。私たち弁護士が、慣れ親しんでいる、人の特定作業は、法的にも、請求の相手方や、裁判の当事者を確定するために必要不可欠です。

　ところが、現代においては、インターネット上のハンドルネームやアバターに紐づいた活動実態を有している人がいます。

　それは、SNSのアカウント名である場合もあれば、インターネット上での対戦や交流が予定されているゲームにおけるハンドルネームの場合もあります。

　これらのアカウント名やハンドルネームは、あくまでもインターネット上に公開されていて、自然人と結びつかない存在（もちろん、自然人と紐づけて公開することはいくらでも可能ですが、本稿では匿名で非公開の場合を念頭に置きます）ですが、そのハンドルネームで、ゲームを同時にプレイしながら、実際の人間の声で話し合ったり、オフ会と呼ば

れる現実世界での会合に参加するといった活動実態が生じてきていることも事実です。

同定可能性の問題

あるインターネット上のゲームのハンドルネームを持つ依頼者から、5ちゃんねるに、自分の悪口を書かれているという相談がありました。

投稿内容を確認してみると、確かに、掲示板に大量の悪口が投稿されてはいるのですが、その全てが、自然人としての氏名ではなく、ゲーム上のハンドルネームだったのです。

ご承知のとおり、インターネット上の開示や削除においては、1つの大きな論点として、「同定可能性」と呼ばれる問題があります。

とある投稿に記載されている内容で、権利侵害を主張する側の人が特定されるのかという問題です。

基本的には、当該投稿がなされた場所や、周囲の投稿から、どのような者を「一般的な閲覧者」に設定するのかから始まり、当該「一般的な閲覧者」の立場からすれば、当該投稿を見れば、(ある自然人が)特定可能だといえるかを具体的な事情に即して主張することになります。

名誉毀損の問題

もう1つの問題として、ハンドルネームの存在に社会的な評価の低下が認められるのかということもあります。

例えば、ゲーム上で、「ダイイチホウキ」と名乗っている場合に、とある掲示板で、「ダイイチホウキは、平然と遅刻を繰り返したり、カッとなるとすぐに物を壊したり、人を殴る無礼者だ」と書かれていた場合などが考えられます。

「ダイイチホウキ」さんは現実世界には実在しないので、社会的な評

価は低下しないようにも思いますが、他方で、「ダイイチホウキ」という
うハンドルネームを背負ったまま、現実世界で活動を行う者が出てきた
のも事実です。

このような場面では、（権利侵害を主張したい）弁護士の方で一定の
工夫が必要になります。

ハンドルネームでも開示

私の依頼者については、ハンドルネームを使用しながら、当該ゲーム
以外の場でも同じハンドルネームを使用したSNSアカウントを開設し、
このSNSアカウントでも同じゲーム利用者と交流をし、ゲーム利用者
同士でオフ会として、現実世界で交流を図っていたという方でした。

そこで、ハンドルネームと実在の人間とのつながりを意識して主張・
立証を行ったところ、開示請求も、その後の損害賠償請求も認められま
した。

具体的な証拠としては、SNSで発信ややり取りを行っている場面の
スクリーンショット、オフ会の写真やその様子の投稿、ハンドルネーム
と実在の人物がつながるような特集記事や投稿などを集めました。

依頼を受けた段階で、このような問題点がクリアできそうなのかは確
認すべきかと思います。

当て字、伏字、マスキングに対する主張の一例

弁護士 1 年目　男性

投稿者側の対策

　最近では、万一のときに法的な責任から逃れようとしてか、投稿者側で問題となる表現内容がその意図する人物を対象とする言及であることが必ずしも明らかにならないよう、当て字（例えば、「田中一郎」を「他仲壱老」と表記）や伏字（例えば、「田中一郎」を「田○一○」と表記）が用いられているケースがしばしばみられます。

　実際にあった事例として、X（旧 Twitter）上のアカウントより、依頼者の卒業アルバムの目線入りの写真とともに伏字が用いられた状態で、依頼者のプライバシーを侵害する投稿をされたケースがありました。依頼者の写真が投稿されているという事実はありましたが、目線入りのため一見して依頼者であるということは第三者からは必ずしも明らかでなく、名前にも一部伏字が入っていたことから、発信者情報開示を求めるにあたって同定可能性が満たされるか問題となった事案です。

　なお、当該アカウント上には、ほかにも依頼者に対するものと思われる投稿がたびたびなされているようでした。

対応方法

　当時インターネット上の権利侵害事案を経験したことがなかった私としては、投稿されたアルバムに目線が入っていたとしても、顔貌が依頼

者と酷似しており、併記されている名前部分にも伏字が含まれていると
はいえ依頼者の名前と整合する記載となっていることから同定可能性が
あるとの主張をすれば足りるのではないかと考えていました。

　もちろんほかに同定可能性の手掛かりとなるべき記載がみられないの
であれば、最終的にはこうした主張をせざるを得ないと思われます。し
かし、上記の事例のように、当該投稿における表現の対象が依頼者であ
ることを示す属性等の事実が記載された投稿がある以上、この事例では、
問題となる投稿における表現の対象者の同定可能性を判断するに際して、
こうした他の投稿が摘示する特定要素も当該問題となる投稿と互いに関
連性を有する一体のものとして検討することで、同定可能性が認められ
やすくなるのではないかといった問題意識が重要でした。こうした（重
要な）属性の記載の積み重ねにより、あたかも間接事実の積み重ねによ
り反対仮説の成立可能性が低下するといった、複数の事実の相互作用に
よる事実認定の場合と同様の理屈で、当該表現の対象とされている人物
が依頼者であることはより一層明らかとなる効果が期待できるからです。

　なお、同定可能性の判断にあたっても、一般読者（閲覧者）の普通の
注意と読み方が基準となることから、そのような主張の前提として、問
題となるべき投稿内容とともに、対象者の属性等の特定に資する事実を
示す他の投稿を閲覧者が閲覧する蓋然性が高いといえるかについても、
各投稿間の時間的近接性、投稿内容の表示状態等を根拠に主張を尽くす
ことも必要な事例でした。

ログイン型投稿の場合

　また、別の問題として、X（旧 Twitter）や Instagram、Facebook な
どのログイン型のアカウントを用いた投稿（ログイン型投稿）による権
利侵害事案では、別の問題として、可能性としては同一アカウントを用
いて複数の人物が当該問題となる投稿を含む複数の投稿をしていること
が想定できるところ、そのような場合には、必ずしも当該アカウントを

共有するなどしている投稿者とは別人格である他人も、当該投稿者が投稿した人物と同一人物を対象とする表現をしているとは限りません。

この点に対する手当てとして、同一人物による投稿であることを前提とする場合には、一般に、問題となる投稿をしているアカウントが他人との間で共有されていたり、アカウントの利用者が変更されていたりすることを疑うべき事情がないとの主張がみられるところです。

実際の主張

冒頭の事例では、具体的に、上記伏字やマスキングの投稿のほかに、問題となる投稿に連ねてさらに投稿をする形で、同一ツリー上にも依頼者の属性に関する投稿が複数みられました。したがって、問題となっているログイン型の投稿が同一人物による投稿であると合理的に推認できることを前提として示したうえで、他の投稿に依頼者に関する属性についての記載がみられ、かつ、こうした属性にかかる投稿が、閲覧者側に表示される画面上も非常に目につきやすい位置に配置されていたこと、各投稿の投稿間隔も相当程度近接していたことから、各投稿を相互に関連する一体のものとして同定可能性を判断したときに当該表現が依頼者以外に対して向けられたものである可能性が合理的に想定できないといった主張をした結果、無事同定可能性が認められました。

権利を侵害する表現が記載された各投稿それら自体のみならず、同一アカウントにおける他の投稿についても目を向け、それをどのように同定可能性の主張に取り込むかという、初歩的である一方で重要な学びを得た一件でした。

アバターに対する言及は
本人に対する名誉毀損か

弁護士 6 年目　男性

VTuber からの法律相談

　インフルエンサーや芸能人からの相談も多い私の事務所に、今回は VTuber（「Virtual YouTuber」の略称で、生身の人間の代わりに 2D や 3D のアバターで主に架空のキャラクターを使って YouTube 等の動画配信サービスを利用して動画の投稿やライブ配信をしている活動者）として活動している方から法律相談がありました。

　相談の内容は、ライブ配信のコメント欄（視聴者がリアルタイムでライブ配信への書き込みをすることができる場所）や SNS 上で誹謗中傷がなされているので、開示請求したいというものでした。

　相談者は実際のライブ配信や SNS のスクリーンショットを持ってきていたので、私の方で内容を確認したのですが……

アバターに対する言及は本人への攻撃なのか

　相談者の持ってきたスクリーンショットに記載されている内容はさまざまでした。しかし、今回の相談では「立ち絵がかわいくない」「配信がつまらない」「設定が○○のパクり」等の投稿内容から、チャンネルやコンテンツそれ自体への批評・批判であり、本人への攻撃とはいえないと考えられました。

　VTuber という「アバター」を使って配信活動をしている場合、

VTuber に対するいわゆる「誹謗中傷」は本人に対する攻撃といえるのか、名誉毀損や侮辱の場合の「同定可能性」があるのかが大きな問題となります。

　投稿の対象があくまでも「アバター」に対してのものにとどまる限り、そのアバターを使って活動する「本人」への攻撃とはいえないと考えられますが、例えば「裏でリスナー（当該 VTuber のファンのこと）とつながってパパ活してる」「中身は貧乏な 30 代半ばのおばさん」等は、アバターを介した「本人」への言及となる可能性があります。投稿者が全くの想像で「本人」の事実の摘示を行い、それを見た第三者が「本人」をイメージできない場合でも「本人」への攻撃であるといえるのか、同定可能性の判断は VTuber の場合には難しい検討が必要になります。

開示請求等はせず、様子を見ていくことに

　法律相談の結果、今回は主に費用面から開示請求を見送り、いわゆる「誹謗中傷」が続くようであれば、名誉毀損や侮辱だけでなく業務妨害も視野に入れて対応することになりました。

　確かに、アバターやチャンネルに向けた投稿であったとしても、例えば内容虚偽投稿等によって VTuber としての活動に支障が生じる場合には業務妨害に該当することが考えられます。法律相談の際には案件を安請け合いしないことが重要ですが、他の法律構成で対応できる可能性があるか、いろいろな側面から対応を検討する必要があります。

ワンポイントアドバイス

　匿名性が前提のインターネットの世界では、名誉毀損やプライバシー侵害を受ける側も、その同定可能性が問題になり得ます。実社会での生活と、インターネットの世界での生活が区別しにくくなっている昨今、インターネットの世界でのハンドルネームやアバターが誹謗中傷等を受けていたとして、インターネットの世界でのできごとだから、と放置するわけにはいきません。他方で、権利侵害を主張する側としては、自分に対する権利侵害であることを示すために、工夫が必要な場面も出てきます。ここでは実際にどのような工夫が必要になるか、体験談を交えて学びましょう。

▶ 事実も評価も名誉毀損

——インターネット上の表現に対する権利救済を求めるにあたって、プライバシー侵害と並んで頻繁に問題となるのが名誉権侵害が疑われるケース。個別の事案に即して適切な主張ができるよう、最低限の作法は身につけておきたい。

基本的な考え方

　人格権侵害を名誉権の侵害に求める場合、具体的にどのような記事ないし投稿により名誉権が侵害されているといえるのかを検討することはもちろんですが、その際、当該記事ないし投稿が事実を摘示するもの（以下「事実摘示型」といいます）なのか、それとも（一定の事実を前提とした）意見の表明・論評（以下「意見・論評型」といいます）なのかを区別することが必要です。名誉権侵害と認定されるためには、違法性阻却事由の不存在まで主張する必要があると考えられているところ、違法性阻却事由の要件は事実摘示型と意見・論評型とで異なってくるからです（事実摘示型につき最判昭和 41 年 6 月 23 日民集 20 巻 5 号 1118頁〔27001181〕、意見・論評型につき最判平成 9 年 9 月 9 日民集 51 巻 8号 3804 頁〔28021760〕）。実際の事例では、具体的な記事ないし投稿が事実摘示型と意見論評型のいずれにあてはまるのかの判断に迷う場面も

少なくないですが、判例上（前掲最判平成9年9月9日）、両者の区別
は、「一般読者の普通の注意と読み方を基準」として、証拠等をもって
その存否を決することが可能な事項を主張するものと理解されるか否か
によるとされています。

　社会的評価の低下の有無も、上記「一般読者の普通の注意と読み方を
基準」として判断されますが、ここにいう「一般読者」とは、文字どお
りの国民一般ではなく、一定の前提知識を持った者を指します。今日
すっかり普及したSNS上の著名なアプリケーションにおいては、ユー
ザーが特定の関心を有する人物等の投稿を中心に表示させる「フォ
ロー」といった機能により、閲覧者が日頃から見ていたり、関心を有す
る人物の記事ないし投稿を閲覧することが一般的であることを考えれば、
そのような理解が実態に即しています。実際の事案でも、この意味での
一般読者が、問題となっている記事ないし投稿を閲覧したときに、そこ
に含まれる摘示内容が社会的評価の低下をもたらすといえるのかを検討
することになります。この検討の結果、社会的評価の低下をもたらすと
判断した場合には、これを的確に書面上に言語化することもポイントで
す。必ずしも当該一定の前提知識を有していない裁判官に対しても、当
該記事ないし投稿が社会的評価の低下をもたらすといえる理由を理解し
てもらえるよう、投稿内容に対する丁寧な説明と、それを可能にする依
頼者への入念な事前の聞き取りは欠かせません。

事実摘示型の名誉権侵害への対応

　例えば、「Aは人ごろしだ」「B社は反社会的勢力の傘下にある」と
いった書き込みがインターネット上にされた場合、当然、社会的評価を
低下させているのではないかと思えますが、発信者情報の開示を求める
場合には、プロバイダ責任制限法5条1項1号及び同条2項1号におい
て「権利が侵害されたことが明らかであるとき」との要件が課されてい
るため、違法性阻却事由の不存在の主張・立証（民事保全手続による場

合は「疎明」となりますが、以下これも「立証」に代表させて表記します）が要求されます。また、投稿記事の削除を求める場合には、人格権としての名誉権に基づく差止請求に関するリーディング・ケースである北方ジャーナル事件判決（最大判昭和61年6月11日民集40巻4号872頁〔27100045〕）が示した差止めの要件に表現内容の反真実性が含まれていることから、少なくともコンテンツプロバイダに対する請求としては、いずれの場合においても、摘示事実が真実に反するという違法性阻却事由の不存在まで主張・立証することが通常です。

　立証の方法としては、反真実を立証しうる客観的な資料が取得・提出できる場合にはそれが最良の手段であることは明らかですが、とりわけ迅速性が要求される民事保全手続上の仮処分を用いる場合には、事実の不存在を示す客観的な証拠を取得することは容易ではありません。かといって、単に「Aは人をころしたことなどない」「B社は反社会的勢力と何ら関係がない」と主張するのみでは、裁判官に反真実であるとの十分な心証を与えるのは難しいこともあるでしょう。

　このような場合、典型的には依頼者本人の陳述書や、代理人弁護士作成の報告書（依頼者への聞き取り内容を整理した書面）を作成し、これを裁判所に証拠として提出することが考えられますが、投稿内容の具体性に応じて、陳述書等の内容も具体的に記載することを意識すると効果的です。

意見・論評型の名誉権侵害への対応

　これに対し、「Aはろくな人間ではない」「B社は金儲けしか考えていない」といった意見・論評型の場合、その意見の前提となる重要な事実の反真実性が違法性阻却事由となりますが、その主張の方法は上記事実摘示型で述べたことが基本的に妥当します。

　ただし、このような主張をするにあたって、当該重要な前提事実の特定が困難であったり、そもそも問題となる記事ないし投稿上にこれが示

されていない場合もあるため、一見、意見・論評型にみえる場合であっても、事実摘示型としての名誉権侵害の主張ができないかを検討することが有益です。

LGBTQ に関する投稿は社会的評価？
人格的利益？

弁護士 5 年目　男性

学校内の SNS トラブル

　最近は、大人だけではなく未成年者が SNS トラブルに巻き込まれてしまった相談も増えてきています。私が、高校生とその両親から学校内の SNS トラブルの相談を受けたときのことです。

　依頼者は、第三者に、勝手に SNS 上のアカウントを作成され、そのアカウントのプロフィール写真には依頼者を隠し撮りした写真が使用されていました。さらに、そのアカウントには、「○○（依頼者名）はLGBTQ」と記載されたメッセージも投稿されていました。

　依頼者は、友人からこのアカウントの存在を教えられ、学校に相談したところ、弁護士に相談するようにアドバイスされたとのことでした。

　依頼者は、LQBTQ の方ではなく、LGBTQ と記載される心当たりもないにもかかわらず、第三者によって勝手に投稿をされ、しかも、その投稿を友人が先に見てしまい、友人に誤解されたことに非常に辛い思いをしたため、投稿をした第三者を特定したい意向でした。

　そこで、私はこの依頼を、投稿の発信者の情報開示及び投稿の削除請求の事件として受任しました。

債権者面接での出来事
社会的評価？　人格的利益？

　私はすぐに、投稿者の特定のための発信者情報開示請求にかかる仮処分申立書を準備し、申立書を裁判所に提出しました。

　提出から３日後くらいには裁判官から電話があり、債権者面接が実施されました。

　裁判官は、追完が必要な書類を述べた後、書面の内容についても質問をしました。裁判官は、「権利侵害についてお尋ねします。申立人がLGBTQとされていることが社会的評価の低下ということでしょうか」と訊いてきたので、私は「LQBTQではないにもかかわらず、LQBTQであると投稿されることは、個人の社会的評価の低下に該当すると考えています」と答えました。

　しかし、裁判官としては、私の回答が腑に落ちないようであり、「LGBTQは特定の性的少数者を表すものにすぎませんから、それ自体は社会的評価に該当しないように思います」と言われました。

　私としては、依頼者が友人から誤解されたという一事情をもって社会的評価の低下と考えてしまったのですが……、確かに、LGBTQの指摘だけでは社会的評価の低下とすることは難しいように感じました。そこで私は、裁判官からの指摘を踏まえ、「失礼いたしました。社会的評価の低下というよりも、LGBTQとする投稿を事実として受け取られてしまう点において人格的利益の侵害に該当すると考えています」と訂正しました。

　すると、裁判官は「わかりました」と述べ、出廷の期日を決めて債権者面接は無事、終了しました。

インターネット投稿で問題となる権利の種類

　インターネット投稿で問題となる権利には、さまざまな種類がありま

す。代表例を挙げると、名誉権や名誉感情、プライバシー権などです。

　名誉権は、一般的に社会的評価の低下の有無が問題となり、名誉感情は、自己自身で与える自己の人格的価値に対する意識や評価のことであり、社会通念上許される限度を超える侮辱行為の有無が問題となります。そして、プライバシー権は、自己に関する情報をみだりに公表されない権利といわれています。

　社会的評価の低下の有無は、「一般の読者の普通の注意と読み方を基準」とするといわれていますが（東京地判平成 11 年 6 月 22 日判時 1691 号 91 頁〔28050101〕）、どのような場合に社会的評価の低下といえるかは、投稿の内容によって異なるため、裁判例を参照しつつも個別具体的に判断しなければなりません。

　今回の体験を通し、債権者面接において焦らないためにも、申立書を提出する前に、権利の選択が適切か否かを慎重に検討する必要があるように思いました。

体験談 2

生活保護受給者に対する誹謗中傷

弁護士 5 年目　男性

生活保護受給者の方からの相談

　生活保護制度は、生活に困窮する方に対し、その困窮の程度に応じて必要な保護を行い、健康で文化的な最低限度の生活を保障するとともに自立を助長することを目的とするものです。しかし、生活保護受給者に対する世間のまなざしは、SNS 普及前から厳しく、現実には、生活保護の受給が必要であるにもかかわらず、誹謗中傷を恐れて生活保護の申

請ができない方々が多くいます。

　私が生活保護受給者の方から相談いただいた内容も、まさに生活保護受給者に対する差別そのものでした。生活保護を受給している依頼者は、友人から、「匿名掲示板に『○○（依頼者）は生活保護受給者だよね』などの投稿があった」旨を聞き、生活保護の受給が周囲に知られてしまうのではないかと不安になり、相談に来たとのことでした。

　そこで、私は、これを匿名掲示板における投稿を削除請求する事件として受任するに至りました。

どのようにしてプライバシー権の侵害を主張するか

　今回の投稿の問題点は、依頼者が生活保護を受給していることは事実ですが、依頼者に関する情報が匿名掲示板上においてみだりに公表されてしまっている点にあります。そのため、権利の選択としてはプライバシー権が相当であると判断しました。

　ただし、生活保護を受給している旨の投稿がプライバシー権の侵害といえるか否かについては少し慎重に検討しておいた方がよいと考えました。なぜなら、「生活保護受給者」の表現は、形式上、生活保護を受給する者という意味には理解できますが、生活保護制度自体に否定的な意味合いがあるわけではないことから、公表を欲しない情報とはいえないとの反論があり得ると考えたからです。

　そこで、私は、生活保護者に対する差別や偏見が残存することに関する文献や論文を調査し、一般人の感受性を基準として投稿された人の立場に立った場合に公開を欲しない情報である旨の立論を組み立てました。

　結果的に裁判外の交渉において投稿の削除に応じられたので、裁判上主張するまでには至りませんでしたが、プライバシー権侵害に該当するか否かを早期に検討したことは、その後の交渉をスムーズに行ううえで重要であると感じました。

外国人に対する誹謗中傷

　生活保護受給者に対する誹謗中傷を前述しましたが、「○○って○○人だよね」など、外国人に対する誹謗中傷においても体験談と同様の問題があり得ます。当該指摘は、形式的には公開を欲しない情報には該当しないように思えます。しかし、その外国人に対する差別や偏見が残存する場合には、当該状況を鑑みて公開を欲しない情報であると判断することもあります。

　弁護士としては、公開を欲しない情報の該当性に関して、依頼者からの事情聴取とともに、当該投稿に関する背景事情、差別や偏見の有無等も調査し検討することも重要であるといえるでしょう。

　なお、匿名掲示板における在日朝鮮人との指摘が公表を欲しない情報に該当すると判示した裁判例として、東京地判令和2年10月9日（令和2年（ワ）第3085号公刊物未登載〔29061468〕）が参考になります。

発信者情報開示請求の注意点

　今回は、依頼者を名宛人として特定した生活保護受給者である旨の投稿の削除請求を目的とした事件でしたが、今回の事件とは異なり、名宛人を特定せずに差別的言動をする投稿であり、その発信者の情報の開示を求める場合には、当該発信者情報開示請求をすることができない点に注意しなければなりません。発信者情報開示請求は、個人の権利が侵害されたことを理由に請求するものであるため、誰のことを指す投稿であるかを特定できない投稿については権利侵害を認めることができないのです。

　投稿の内容によって選択できる請求権も変わることに注意しましょう。

事実か評価か

弁護士７年目　男性

店舗商売と口コミ

　美容院、接骨院、居酒屋、レストラン、トレーニングジム、ヨガ教室、ネイルサロン、歯科医院……誰もが頻繁に利用する「店舗」を構える仕事がありますよね。

　このような店舗でのビジネスにおいて、利用者は、その店舗の近隣に住んでいたり、近隣で働いていたりするなど距離的な関係が最も重要視されていました。

　しかし、現在では、各業態ごとに、口コミを投稿できるサービスが誕生し、利用者は口コミを確認してから予約をとるというのが一般化しました。

　そのため、口コミに悪評が記載されれば、店舗の売上げに直接影響が生じるという状況になっています。

　もっとも、最近では、悪意を持った投稿が一定数存在することが一般利用者にも知られており、明らかに利用した体験談ではなさそうであるとか、同じアカウントで多数の店舗に繰り返し悪評を書き連ねているなどの事情があれば、これを信じて利用を控えるという事態は減ってきました。

　そうであったとしても、店舗経営者とすれば、このようないわれのない口コミは削除したいと思うのが通常です。

　また、場合によっては、あまりにも事実無根の悪評を投稿した者を、開示請求によって見つけ出し、損害賠償請求請求を検討することもあるでしょう。

事実の摘示があるのか単なる評価にすぎないのか

「店員の態度がとても悪く、ものすごく不潔」

さて、このような投稿は、削除や開示を求めることができるでしょうか。

まず、一般利用者からみれば、このような口コミが書かれている店舗には行きたいと思いませんよね。

そして、店舗の経営者からみれば、このような口コミは1秒でも早く消えてほしいと願うはずです。

確かに、ひどいようにもみえますが、法的にはどうでしょうか。削除や開示を求めるためには、投稿それ自体が、何らかの権利侵害性を帯びていなければならないところ、考えられるのは店舗（法人）に対する名誉毀損でしょう。

名誉毀損が成立するためには、事実の摘示が必要であることは皆さんに説明するまでもありませんが、上記の投稿には、事実の摘示が含まれているでしょうか。

「店員の態度」は具体的にはどのような事実を指しているのか曖昧です。また「不潔」なのは、店内なのか、その店員なのか、はたまた提供されたサービスにまつわるものなのかも不明です。

前後の文脈が全くないと仮定すると、上記の投稿で、事実の摘示を含むもので、名誉毀損だというには、乗り越えなければならないハードルが多いように思いますし、削除や開示の相手方当事者からは、確実に「事実の摘示がない」という反論がなされるように思います。

そして、事実の摘示がない以上、上記の投稿は、「単なる評価にとどまる」ともいえそうです。

確かに、「態度が悪い」や「不潔」という指摘は、利用者としての1つの主観的な感想であるということができますので、上記の投稿の読み方や解釈をめぐっては、議論が分かれると思われます。

接骨院にて

　このように、口コミは、事実の摘示があるのか、それとも単なる評価に過ぎないものなのかが、主たる論点として争われる場面が多くあります。

　私が担当した、接骨院の事例では、どこの店舗かが特定されており、当該店舗の特定の店員を示していたことがわかり、かつ、料金などについても具体的な言及があったおかげで、開示の仮処分を認めさせることができました。

　安易に諦めず、当該店舗の口コミの読者基準であっても、具体的な事実の摘示があるのだ、評価にとどまるものではないのだという事情を、店舗経営者や、現場の店員にヒアリングし、報告書や陳述書といった形で証拠化していくのがよいと思います。

　ただし、開示に関しては時間的な制約があるので、かなり大変になりますが、それでも、全くないまま評価に関する主張だけで裁判所を説得するのは難しいでしょうから、工夫が必要だと思います。

体験談4

それ自体具体的事実の摘示を伴わない投稿

弁護士1年目　男性

シンプルすぎた悪口

　人格権としての名誉権侵害に基づいて発信者情報開示命令を求めた事案です。とある掲示板に依頼者に関するスレッドが立ちあげられており、その中には依頼者が詐欺行為を働いていることに関する複数の投稿がみ

られたため、依頼者より事実無根であるとして投稿者（発信者）に対する損害賠償請求をするために発信者情報の開示を求めたいという相談がありました。もっとも、最新のレス以外はアクセスログの保存期間が終了していることが明らかであったため、当該最新のレスであった、依頼者が詐欺師であると書かれている投稿（以下「本件投稿」といいます）についてのみ、発信者情報の開示命令を申し立てる方針となりました。私にとっては初めて担当した発信者情報開示にかかる事案でしたが、本件投稿内容は事実に反して依頼者が詐欺師であることを摘示していたため、当然に名誉権侵害を構成し、権利侵害の明白性要件は容易に満たされるものと考えていました。

裁判官からの指摘

しかし、本件投稿は、単に依頼者が詐欺師であるとの事実を摘示するのみであったため、反真実の主張をするにあたっては、依頼者がこれまで詐欺を行った事実はないことを主張することしかできず、また、発信者情報開示に関する文献を読んでも、具体的な事実摘示がない事実摘示型の投稿の場合には、当該摘示事実の反真実性を主張するほかないとの記載もみられたことから、その旨記載した申立書を作成し、裁判所にこれを提出したところ、期日に先立ち係属部の裁判官から連絡が入り、主張内容につき工夫を求められました。

すなわち、本件投稿は掲示板上に投稿されているところ、当該掲示板上には、上記のとおり、依頼者が詐欺師であることにまつわる他の投稿がすでに複数先行しており、ここにはある程度具体的に依頼者の詐欺行為に関する事実記載がされていたこと、さらに、スレッド全体を見る限り、当該スレッドをこえて、インターネット上において他にも依頼者に関する詐欺の事実摘示がされているように思われることから、これらに対する手当てをしてほしいとの指摘を受けたのです。裁判官としては、「これだけ具体的な事実が数多く流通しているのは、当該摘示事実が真

実だからではないのか？」といった問題意識を抱いていたようです。

反真実の対象の検討

　確かに、本件投稿それ自体には依頼者が詐欺師であることを基礎づける具体的な事実摘示が欠けていたので、もし本件投稿が前後の情報も一切ない状態で単独で投稿されていたのであれば、おそらく上記のような主張方法によらざるを得なかったのでしょう。もっとも、上記指摘により、本件投稿が記載された同一スレッド内における他のレスに、本件投稿にいう「詐欺師」との摘示事実と関連する事実が記載されていた以上は、こうした他の投稿の摘示事実の反真実まで主張しなければ裁判官が本件投稿について反真実であるとの心証を抱くには至らないことに気づき、あらためてこの点に関する主張及び証拠資料を補充しました。また、インターネット上において他にも同様の事実が出回っていることに対する理由についても、依頼者側で考えられる合理的理由を主張した結果、裁判官にも反真実の心証を抱いてもらうことができました。

　一見、問題となる投稿それ自体は抽象的な投稿であったとしても、本件のように同一ウェブページ内に当該投稿内容と関連性を有する他の投稿がある場合には、当該投稿内容をも踏まえた反論が必要となるケースもあります。もっとも、その反面、具体的な反論を行うことができれば、裁判官に的確な反真実の心証を抱かせることにつながります。表現の自由との対立が問題となりうる発信者情報の開示等を求める事案においては、この点にまで気を配った主張を当初からすべきであったと反省しました。

ワンポイントアドバイス

　反真実性の立証においては、問題投稿そのものだけでなく、同一スレッド内の関連投稿で摘示されている事実も含めた立証活動が求められる場合があります。

　体験談にもあるように問題投稿による被侵害利益が名誉権、名誉感情、プライバシー権等のいずれに該当するのか、判断に迷う事例も少なくありません。慎重に検討したうえで事件を処理する必要があります。

　問題投稿が、事実の摘示であるのか、投稿者による評価であるのかの判断に迷う事例も少なくありません。そのような場合であっても依頼者からのヒアリング等により、評価ではなく特定の事実摘示だという立証の道が開ける場合があります。

権利侵害その②
（プライバシー関係編）

▸ "イマドキ" のプライバシー
って何だろう？

——「プライバシー侵害罪」は存在しない。しかし、欲しない情報を勝手に第三者に公開されないことは法的保護に値すると考えられる。「プライバシー権」とはどのような情報を保護しており、何に基づいて損害賠償請求の対象となるのだろうか？

伝統的なプライバシー侵害の類型

　いわゆる「プライバシー権」は当初「ひとりで放っておいてもらう権利」とも考えられていた。裁判例でも他人に私生活をのぞき見されない権利（小説「宴のあと」事件・東京地判昭和39年9月28日下級民集15巻9号2317頁〔27421273〕）と考えられており、プライバシー侵害の判断基準としては①私生活上の事実またはそれらしく受け取られるおそれのある事柄であること（私事性）、②一般人の感受性を基準にして当該私人の立場に立った場合、公開を欲しないであろうと認められる事柄であること（秘匿性）、③一般の人々にいまだ知られていない事柄であること（非公知性）等を満たす必要があるとされました。

　そして上記の①ないし③をベースにして、対象の属性が私人か公人か、

情報の内容が公共の利害に関わるか等の事情を加味して検討することと
されています。

プライバシー情報に対する考え方の変化

　他方、SNS を通じて誰もが情報発信をすることができるようになっ
た昨今では、プライバシー情報の捉え方にも変化が生じてきました。
　特に匿名（ハンドルネームを含む）で SNS 上でやり取りすることも
多くなっていることから、氏名、住所、電話番号等のいわゆる「識別情
報」についても多くの場合プライバシー情報に該当すると考えられてい
ます。

Google 最高裁決定について

　上記の状況を受け、現在はプライバシー侵害について大きく 3 類型・
6 つの要素を検討していると考えられています（最高三小決平成 29 年 1
月 31 日最高裁民集 71 巻 1 号 63 頁〔28250362〕）。
　具体的には
(1) 被侵害利益の重要性として
　①ある者のプライバシーに属する事実の性質及び内容
(2) 侵害の程度として
　②検索結果が提供されることによってその事実が伝達される範囲とそ
の者が被る具体的被害の程度
(3) 表現行為の必要性・相当性として
　③その者の社会的地位や影響力
　④その事実を含むウェブサイト・記事等の目的や意義
　⑤その記事等が掲載された時の社会的状況とその後の変化
　⑥記事等においてその事実を記載する必要性

です。

インターネット上のプライバシー侵害の特殊性

インターネット上のプライバシー侵害については匿名の相手方から投稿等がなされることが多く、誰が行為者であるかを特定する必要が生じます。そのため、他の権利侵害と同様に開示請求等の手続によって投稿者を特定する必要があります。依頼者の意向によって投稿の削除も考えられます。

また、相談者にとっては公開された情報は秘密にしておきたい情報であることが多いですが、プライバシー侵害における「私事性」の要件は、私生活上の事柄もしくは私生活上の事柄らしく受け取られる事柄であるとされており、必ずしも真実とは限りません。

そのため、プライバシー侵害を根拠とする損害賠償請求の対応をすることで「当該情報が真実である」との噂がさらに不特定多数に広まってしまわないよう、対応に注意が必要です。

個別具体的な検討が重要

上述の Google 最高裁決定が言及するように、プライバシー侵害においては大きく3類型・6つの要素を検討していると考えられますが、結局は個別具体的な事例において「何がプライバシー情報にあたるのか」「公開が違法といえるか」等については個々の事情から判断しなければなりません。

例えば公開した情報が氏名等の識別情報だった場合はどうか、すでに本人が一度公開したことがある情報の場合はどうか、特定人への公開が違法となるか、一般人の感受性を基準として他人に知られたくないといえるか等、1つの事情でプライバシー侵害に該当するか大きく変わるこ

とが考えられるため、相談の際に依頼者から細かく情報を収集したうえ
で、何の要件が問題となりうるか検討するようにしましょう。

体験談 1

VTuber のプライバシー侵害はどこからか

弁護士 7 年目　男性

VTuber からの法律相談

　ある日のこと、インターネットトラブルにも注力している弊所に
SNS 上でのプライバシー侵害の相談がありました。詳細を聞いてみる
と、相談者は現在VTuberとして活動しているのですが、前世（VTuber
が当該 VTuber として活動する前に別の VTuber として活動していた
場合や別の仕事をしていた場合、それらの情報を「前世」と呼ぶことが
あります）や本名、プライベートな情報等を知人に公開されてしまった
ため損害賠償請求をしたいとのことでした。
　私もプライバシー損害の案件はいくつか対応したことはありましたが、
VTuber のプライバシー侵害の案件は初めてだったため、まずは何が
「プライバシー情報」に該当するのか検討することにしました。

前世の情報はプライバシーか

　意に反して自己の情報を他人から開示されないことは、人格権の一類
型として保護されるものと考えられますが、いわゆる前世の情報は「私
生活上の事実」に該当するでしょうか。

　私もプライバシーに関する事実か否かは、私事性、秘匿性、非公知性等を満たす必要があることを理解してはいましたが、果たして前世の情報はこれらを満たすのか、すぐには判断ができませんでした。

　そのため、似たような考え方がないか文献等を確認したところ、前世の情報には「過去の職業」に関する情報と VTuber がどこの誰であるかという「識別情報」の側面がありそうでした。

　職業についての情報がプライバシー情報に該当するか、いわゆる識別情報がプライバシー情報に該当するか、それぞれ個別具体的な判断が必要ですが、当該 VTuber 本人が現在秘匿しており公開されることを欲しない情報と考えられることから、これらを知人が公開する行為はプライバシー情報に該当する可能性があると考えました。

本人の名前はプライバシーか

　本来、氏名は識別情報に過ぎないものではありますが、検討の結果、匿名（ハンドルネームを含む）SNS のアカウント保持者の氏名は通常公開されることを欲しない情報に該当する可能性があるとの情報に触れました。そのため、アバターを用いて基本的に本名等を公開しない形で活動するという VTuber の特性からすれば「本人の名前が何であるか」は、通常公開されることを欲しない情報としてプライバシー情報に該当する可能性があると考えました。

鍵アカウントでの投稿はどうか

　他にも、VTuber が鍵アカウント（投稿者が承認したアカウントしか見ることができない状態になっているもの）で投稿したプライベートな情報を知人がスクリーンショットを撮って公開の SNS に投稿した件についても相談を受けました。

この場合、確かに VTuber は自身で SNS 上に投稿することによって外部に発信しています。知人は特定の人しか見ることができない投稿を無断で公開の SNS に投稿したことになりますが、当該 VTuber が「特定の相手方にしか公開したくない」と考えていた場合には、仮に SNS 上に投稿していたとしても、もとの投稿が鍵アカウントへの投稿であれば非公知性を満たす可能性があると考えられました。

匿名の相手方からのプライバシー侵害の対応

結局、今回の相談については投稿した「知人」も本名や住所等がわからない人物であったことから、開示請求等の手続が必要であることを伝えると、いったん様子をみたいとの結論となりました。

その後、幸いその知人とは SNS 上で和解をして紛争化しなかったようでしたが、匿名の相手方から公開されることを欲しない情報を公開されてしまった場合には開示請求等の手続が必要になることから、依頼者にとっても負担がかかることを再認識した相談でした。

体験談 2

公開された情報とプライバシー権

弁護士１年目　男性

対象投稿に公開情報や自己の過去投稿内容が含まれていた場合

　この事件は、自身が匿名アカウントで過去に投稿した内容を組み合わせて個人情報を特定された依頼者が、投稿の削除及び発信者の特定を求めるというものでした。

　プライバシー該当性は、私生活上の事実または私生活上の事実らしく受け取られるおそれのある事柄（私事性）、一般人の感受性を基準にして当該私人の立場に立った場合に公開を欲しないであろうと認められる事柄（秘匿性）、一般の人々にいまだ知られていない事柄（非公知性）に該当するかという観点から判断されます（小説「宴のあと」事件・東京地判昭和 39 年 9 月 28 日下級民集 15 巻 9 号 2317 頁〔27421273〕）。

　この事件では、非公知性が問題になり、相手方からも「過去の自身の投稿を組み合わせたものに過ぎず、プライバシーに該当しない」との反論がありました。

相手方への反論方針

　再反論として、過去投稿と対象投稿の間に大きな時間的隔離があることや、投稿の媒体に関する特性、過去投稿の態様について説明したうえで、対象投稿は「過去の事実を単にまとめたものではなく、新たに情報をまとめあげた独立した投稿である」と主張しました。

依頼者の過去投稿は、匿名のアカウントでなされたもので、閲覧者も多いものではありませんでした。また、過去の投稿は数年前になされたものであり、過去の投稿を閲覧しようとする場合はかなりの労力がかかることになるため一般読者はたどり着くことが困難な状況にありました（同様の事例で、過去の公開情報との時間的隔離に着目し、「時の経過と共に周知性は失われる」として違法性を認めた裁判例もあります（東京地判平成22年8月30日平成21（ワ）37313号〔28313701〕））。

　上記の内容を準備書面で主張し、最終的には、依頼者自身が自らに関する個人情報を投稿したとしても、一般読者が認識しえるものではないため、非公知性は失われないとの主張が認められました。

受任時のヒアリング・投稿の調査の重要性

　この事件では、開示決定及び削除決定を得ることができましたが、期日での裁判官の反応や同様の事件を対応した先輩弁護士の話を聞く限り、一度公開された情報については、厳しい判断がなされるケースが多いようです。発信者情報開示請求や削除仮処分は、常に画一的な判断がなされるわけではなく、事例ごとの判断となる傾向が顕著であるといえます。今回の事件でも、条件が揃わなければ請求が認められなかった可能性もあります。

　「匿名アカウントの特定」の事件に対応するうえでは、投稿自体の違法性を検討するだけでは足りず、事前のヒアリングを入念に行い、依頼者自身が公開した情報はないのか、公開されているとしても、どの程度時間が経過しているのか、公開されている媒体の性質がどのようなものか、公開の態様は多くの人が閲覧可能であったのか等を検討しなければ、誤った見込みを伝えるリスクがあることを痛感しました。

合わせ技一本？？

　今回の事件では、あくまでプライバシー権侵害を主眼として主張したものの、対象投稿には名誉権侵害や名誉感情侵害となりうる部分も含まれていました。当初はプライバシー権侵害のみで申立てを行いましたが、期日での反論状況を踏まえ、名誉権侵害及び名誉感情侵害の主張を追加しました。第2回期日では裁判官も名誉権侵害については、権利侵害性が明らかであるとの心証を開示してくれました。今回の事件のように、権利侵害性にハードルがありそうな事件では、考えられ得る権利侵害の構成を網羅的に主張することが解決への大きな糸口になるという知見も得られた事件でした。

ワンポイントアドバイス

　「プライバシー侵害だ」と感じる内容は、まさに人それぞれです。インターネット上で、様々な発信をしている人にとってもそれは同様で、発信していること以外の情報をさらされてしまうことによるプライバシー侵害の問題は生じ得ます。

　いつまでも残ってしまうオンライン上の情報は、デジタルタトゥーなどとも呼ばれますが、紙媒体の情報と違い、ひとたび炎上が始まれば、埋もれていた情報もすぐに浮き上がってきてしまうのが、インターネットの世界です。

　弁護士としては、プライバシー侵害により苦しめられている依頼者にまずは寄り添う姿勢が、他の案件にも増して、強く求められます。体験談を通じて、インターネット上の発信者の感覚をぜひ体感してください。

▶ # デジタルコンテンツの
保護にも活用できる
プロバイダ責任制限法

——インターネット社会に溢れるデジタルコンテンツ。それらに発生する知的財産権をきちんと理解することで、うっかり加害者となることを防ぎつつ、被害にあった場合にも対応が取れるようになる。

知的財産権の種類

　インターネットトラブルの場で特に見かけることの多い知的財産権といえば、著作権、商標権ではないでしょうか。それに加え、不正競争防止法に関するトラブルも挙げられます。不正競争防止法は、事業者間における競争の公正さを確保することを趣旨とする法律のため、知的財産権そのものとはいえませんが、商標権等と関連して問題となることがよくあるため、同時に解説することにします。

　以下では、これらの権利がどのようなものかをそれぞれ解説していきます。

著作権

　著作権とは、他人が著作者に無断で著作物をコピーしたりインターネット上に投稿したりすることを制限することができる権利をいいます。著作物とは「思想又は感情を創作的に表現したものであって、文芸、学術、美術又は音楽の範囲に属するもの」（著作権法2条1項1号）のことです。著作物の創作と同時に権利が発生し、何ら登録を要しません。

　皆さんが日常的にSNSに投稿する文章や写真も、一定程度の創作性があれば著作物となり、著作権の対象となります。もっとも、単なる事実やデータであったり、誰が表現しても同じようなものになるようなありふれたものは、著作物とはいえません。

　他人の著作物を勝手にコピーしてSNSに投稿すれば、その投稿は複製権及び公衆送信権を侵害していることになり、発信者情報開示の対象となります。少し改変してから投稿したとしても、やはり、翻案権及び公衆送信権を侵害していることになります。

商標権

　商標とは、(特許庁HP https://www.jpo.go.jp/system/trademark/gaiyo/seidogaiyo/chizai08.html 参照) 事業者が自社の取り扱う商品やサービスを他社のものと区別するために使用するマークをいいます。いわゆるブランドのロゴがこれに該当します。商標には文字、図形、記号、立体的形状、ホログラムや音、それらの組み合わせといった様々な種類が存在します。そして上記の著作物とは異なり、特許庁に登録を申請する必要があります。また、登録時に、その商標をどういった分野で用いるかを指定する必要があり、これを指定商品・指定役務といいます。

　もっとも、他人の商標を無断でSNSに投稿したからといって、ただちに商標権侵害となるわけではありません。商標権侵害が成立するためには、①登録された商標を使用する正当な権利のない者が、②登録商標

105

と同一又は類似する標章を、③登録されている指定商品・指定役務と同一又は類似する範囲について商標として使用することが要件となります。特に問題となるのが③であり、事業者が自社の取り扱う商品やサービスを他社のものと区別するという商標の目的に基づき、商標が自社の商品やサービスであることを需要者に示す形での使用を指します。つまり、単にロゴが気に入ったからという理由で他人の商標であるロゴをイラストとして SNS に投稿したとしても、商標として使用したといえず③を満たさず、商標権侵害とはなりません。

不正競争防止法

　不正競争防止法は、上述のとおり事業者間における競争の公正さを確保することを趣旨とする法律のため、公正を害するおそれのある行為が不正競争として同法 2 条各号に列挙され、規制の対象となっています。

　インターネットトラブルで問題になりやすい不正競争に該当する行為は、「競争関係にある他人の営業上の信用を害する虚偽の事実を告知し、又は流布する行為」（同法 2 条 21 号）です。典型的な例として、比較広告として自社商品をよく見せるために他社商品の品質を虚偽に低く表示させるような場合が挙げられます。

　個人が何気なくした SNS 投稿がこのような不正競争に該当することは考えづらいですが、事業者が自社の宣伝広告にあたって比較広告の形式を用いた場合にはうっかり該当するということもありえるため、十分な注意が必要です。

発信者情報開示と削除の根拠法の違い

　以上のように知的財産権とインターネットトラブルの類型を列挙してきましたが、最後に、発信者情報の開示請求と削除請求の根拠法の違い

について説明します。

　インターネット上の投稿に関して、発信者情報の開示を求める根拠はプロバイダ責任制限法です。一方で、削除を求める根拠は各知的財産法にあります。

　そのため、請求原因を記載する際は、その根拠法を混同しないように注意しましょう。

体験談 1

著作権でいくのか？
他の権利侵害でいくのか？

弁護士3年目　女性

発信者情報開示を主張しうる権利侵害とは

　発信者情報の開示が可能かという相談を受けたとき、どのように見通しを立てるべきでしょうか？　それにはまず、相談の対象となったインターネット上の投稿が、相談者のどのような権利を侵害しているかを検討するところから始まります。

　昨今よく話題になるのは名誉毀損の事案が多いですが、そもそも、プロバイダ責任制限法に基づく発信者情報の開示を請求できるのはどういった場合かという視点に立ち返ると、条文には「情報の流通によって自己の権利を侵害されたとする者は…開示を請求することができる」とあります（プロバイダ責任制限法5条1項）。当然、著作権侵害といった知的財産権の侵害もその対象となるわけです。

　では、ひとつの投稿が複数の権利を侵害するようなとき、そのすべてを主張して開示を求めるべきでしょうか？

あるとき、私は投稿を構成する要素に文章と顔写真が含まれ、文章に対しては名誉毀損、顔写真には著作権及び肖像権侵害を主張しうるといったケースに遭遇しました。そして、主張しうる侵害はすべて主張した方が侵害を認めてもらえる可能性が高くなると考え、すべての侵害に対して訴訟提起を行いました。

知財部に係属となった場合の手続

　すると、著作権侵害を含む主張であるとして、東京地裁知的財産権部（以下「知財部」）へ係属になりました。その旨を事務所の事務局の方に伝えたところ、「知財部ですか？　それなら USB を準備しなければならないですね」と言われ、私は、そうなの？　と驚きました。

　慌てて調べたところ、知財部に係属となった訴訟は、提出書類の通数も通常より多く、加えて電子データの提出が必要となるようです（https://www.courts.go.jp/tokyo/saiban/minzi_section29_40_46_47/soyrui_teisyutu/index.html）。事務手続に多少の手間が増えることが予めわかっていれば、より手続を円滑に進めることができたな、と反省しました。

　このときは幸い、事務局の方に助けられ、無事に手続を進めることができました。

依頼者の望みと権利侵害

　そして訴訟提起後、知財部での審理が進み、著作物該当性が争点となりました。名誉毀損自体は、問題なく認められそうであるという見込みでした。

　その時点で、私はふと、そもそも著作権侵害を主張する必要はあったのか？　と考え込みました。今回、依頼者が一番困っているのは名誉毀

損の部分であり、著作権侵害は付随的に発生したいわば二次的被害でした。それにもかかわらず、著作権侵害を主張したために知財部に係属となり手続の面倒が増えたうえに、審理上の争点も増えてしまいました。

結果的に勝訴を得ることはできましたが、著作権侵害を主張したことでかえって判決に至るまでの時間が長くなったように思われました。

こうした経験を経て、主張しうる侵害をすべて主張することが必ずしも訴訟全体の進行にとっていい影響を与えるとは限らない、という学びを得ることができました。

こじつけの著作権侵害といわれないために

上記の問題とはまた別に、相談者のレピュテーションリスクを回避するために、著作権侵害を主張することが適切かという観点も大切です。今回の事例でいえば「依頼者が一番困っているのは名誉毀損の部分であり、著作権侵害は付随的に発生したいわば二次的被害」という表現を上記でしていますが、そこにレピュテーションリスクが潜んでいます。

つまり、発信者情報の開示や投稿削除を求める主目的と、主張する権利侵害があまりに乖離していると評価されるときには、世間から批判の対象となりうるのです。典型的な例として、自社に批判的であったり不利益を与えたりする商品レビュー等のコンテンツを削除する目的で、コンテンツに使用されている写真に対して著作権侵害を主張するような場合が挙げられます。このような場合、主張自体は訴訟で認められたとしても、いわば制度を悪用して自社に不都合なコンテンツを葬ろうとしたその姿勢そのものが批判の対象となり、炎上してしまうことがあります。

そのため、主張する権利侵害が目的と乖離しすぎていないかという観点を持つことも、必要ではないかと思います。

知的財産権部での審理

弁護士 8 年目　男性

知的財産権部とは

　発信者情報開示請求の本訴・仮処分又は発信者情報開示命令の非訟を提起ないし申し立てた場合で、それらに著作権等の知的財産権侵害の主張が含まれるときは、事件が知財部に配点されることになります。

　東京地裁の知財部は、本書執筆時点で、民事 29 部、40 部、46 部及び 47 部の 4 部が担当しており、それぞれ知的財産権事件の専門部です。

知財部の場所

　知財部は、もともとは他の通常部と同様に、霞が関にある東京地裁本庁の中にありましたが、令和 4 年 10 月に東京地方裁判所中目黒庁舎（通称：ビジネス・コート）が竣工すると同時に、霞が関の本庁から中目黒庁舎に移転し、現在は、商事部（民事 8 部）や、倒産部（民事 20 部）とともに、中目黒庁舎にて業務を行っています。

　中目黒庁舎は、東急線の中目黒駅か、JR 山手線ないし日比谷線の恵比寿駅から徒歩 10 分程度のところにあります。恵比寿駅から中目黒庁舎に向かうには、「別所坂」というとても急な坂を下る必要がありますので、徒歩で向かう場合は、中目黒駅から目黒川沿いに向かうのがよいと思われます。

知財部での手続

　体験談１でも簡単に触れられていますが、知財部に係属となった場合、正本（訴訟記録用、１通）及び副本（相手方用、相手方数分の通数）のほかに、裁判官手控えなどへの利用のため、訴訟事件のときは３通の写しを、保全事件のときは１通の写しを提出することと電子データの提出が求められています。また、知財部のウェブサイトでは、「答弁書、準備書面、主張書面、証拠説明書、書証については、ファックスで送信した場合でも、改めて、クリーンコピーの正本と写しを提出してください」と案内がなされており、実際に、FAX だけで提出すると、その後クリーンの提出を求められることも多いです。

　もっとも、発信者情報開示請求事件・発信者情報開示命令事件に関していえば、厳密に、知財部の他の事件と同様の運用がなされているわけではないようで、事件によっては、裁判所から、「この事件は、通常どおりの部数・方法で提出いただければ問題ありません」と指示されることもあります。

　そのため、事件が知財部に係属した場合は、書面の提出部数・方法についてどのようにすればよいかを一度担当書記官に確認してみるのがよいかと思われます。

知財部での審理

　東京地裁の知的財産事件は、仮処分事件を除き、原則として全て合議体で審理する運用がなされています。

　通常部で発信者情報開示請求訴訟が扱われる場合、たとえば、「A はバカだ」とか、「B はやぶ医者だ」などの、いわば典型的な名誉毀損や名誉感情侵害が問題になる事例の場合、最も早い進行であれば、第１回期日の時点で、訴状、答弁書、原告第１準備書面が提出されていて、その第１回期日で結審するということもありますが、知財部に係属した場

111

合、筆者が経験した限りでは、第1回期日で結審した例は未だありません。

　当事者に補充主張を求める例も、通常部よりも知財部の方が圧倒的に多いように思われます。

　これは、知財部が扱う被侵害利益が著作権やパブリシティ権など、主張・反論ポイントが多岐に亘るものであることが大きく影響していると思われますが、いずれにしても、こういった傾向があるという事実は、発信者情報開示請求を行う開示請求者側としては、どのような被侵害利益を設定するかという検討の際に参考にすべきでしょう。

ワンポイントアドバイス

　本章の体験談にもあるとおり、インターネットトラブルの解決に際して知的財産権のメニューは有用である一方、結果的に手続が重たくなり、手枷足枷になってしまうことがあります。これは、知財専門部を置いていない裁判所に係属した場合であっても、多かれ少なかれありうることです。さらにいえば、インターネットトラブル以外の事件類型においても、主張できることをむやみやたらに主張すると、時に思わぬ副作用が生じることがあります。依頼者にとって最善の結果を最短で実現するためにはどうすれば良いか。戦略目標をしっかりと見定め、時には大胆に主張を絞り込むことも重要です。

▶ ここぞという時　著作権！
著作権侵害の勘所

——SNS に投稿していた画像を勝手に利用された場合や、ウェブサイトに掲載していた自己紹介用の写真を改変されて勝手に転載された場合等、発信者情報開示請求により転載者等を特定できるか。

著作権が問題になるケース

インターネットの事案においてしばしば問題になるのは、他人の著作物を勝手に利用しているというケースです。例えば、ウェブサイトに掲載していた自己紹介用の写真を勝手に改変されて SNS や掲示板に転載されたという場合、改変行為の内容によっては、当該写真の改変行為が著作権者の名誉権や名誉感情を侵害しているという場合もありますが、このようなケースでは、ダイレクトに、著作権ないし著作者人格権の侵害が問題になります。

著作権・著作者人格権

著作により、著作者は財産権としての著作権と人格権としての著作者人格権を取得します。

著作権者は、著作物を複製し（著作権法21条）、上演や演奏し（同法22条）、上映し（同法22条の2）、公衆送信等し（同法23条）、口述し（同法24条）、展示し（同法25条）、映画の著作権に関しては頒布し（同法26条）、映画以外の著作物に関しては譲渡または貸与し（同法26条の2及び26条の3）、翻訳あるいは翻案等をする（同法27条）態様での利用行為を禁止でき、また他者にこれを許諾することもできます。

著作者人格権は、著作物を公表するかしないかを決定する権利（公表権、著作権法18条）、公表した著作物に自己の名前を表示させるかさせないかあるいはどのように表示させるかを決定する権利（氏名表示権、同法19条）、著作物の内容を著作者の「意に反して」改変されない権利（同一性保持権、同法20条）及び名誉声望を害する態様での利用を禁止する権利（同法113条11項）からなります。

他人がSNSに投稿した画像を勝手にコピーしてSNSに転載すれば、その投稿は複製権及び公衆送信権（送信可能化権を含みます）の侵害が問題になりますし、また、画像を改変してから転載すれば、翻案権及び公衆送信権の侵害が問題になります。

著作者

SNSで投稿していた画像を勝手に利用された場合や、ウェブサイトに掲載していた自己紹介用の写真を改変されて勝手に転載された場合などで、著作権侵害を理由に発信者情報開示請求を行うにあたっては、まず、当該画像または写真の著作者が開示請求者であることを主張・立証する必要があります。自ら作成した画像や自ら撮影した写真であれば、陳述書でその旨の立証をすることになることが多いと思われますが、例

えば、カメラマンなどの第三者に撮影してもらった写真であれば、本人と著作権との関係を証する証拠（カメラマンとの間の撮影契約書等）を提出する必要がある場合もあります。会社のウェブサイトに掲載されている写真のときは、契約書等が残っておらず、この要件充足性が否定されてしまうことが一定数あるように思われます。

著作物性

　またこれも大前提ですが、著作権侵害を理由に発信者情報開示請求を行うにあたっては、当該画像や写真が著作物性を有することを主張・立証する必要があります。著作権法上の著作物は、「思想又は感情を創作的に表現したものであつて、文芸、学術、美術又は音楽の範囲に属するもの」をいいます（著作権法2条1項1号）。そして、例えば、写真が著作物と認められるためには、被写体の選択、構図、カメラアングルの設定、シャッターチャンスの捕捉、絞り、明るさなどにおいて撮影者の個性が現れていること、すなわち創作性が認められることが必要であると解されています。

　SNSに投稿した画像やウェブサイトに掲載した写真をコピーされたり、改変されて転載されたりした場合、当該画像や写真が著作物性を有するかが問題になり、開示請求者側では、当該画像・写真がありふれた構図で撮影したとはいえないことを主張していくこととなります。

私的利用

　仮に、開示請求者が画像や写真の著作権を保有しているとしても、著作権の制限事由に該当するときには、著作権侵害とはなりません。著作権の制限に関する規定は、著作権法30条以下に規定されており、例えば、「私的利用」に当たる場合は、著作権の侵害とはなりません（著作

権法 30 条）。

　しかしながら、私的利用とは、「個人的に又は家庭内その他これに準ずる限られた範囲内において使用すること」とされています。インターネット上の SNS やウェブサイトはどこからでも、それこそ世界中からアクセスが可能であるため、SNS に投稿した画像やウェブサイトに掲載した写真をコピーされたり、改変されて転載されたりした場合で、プロバイダによる「私的利用」の抗弁が認められる可能性は、特別の事情がない限り、あまり考えられないと思われます。

引用

　また、著作物の利用行為がなされている場合であっても、その利用行為が「引用」に当たる場合には、著作権法 32 条 1 項によりその著作権が制限され、開示請求者の発信者情報開示請求は認められないこととなります。

　適法な「引用」と認められるには、①公表された著作物であること（公表要件）、②引用であること（引用要件）、③公正な慣行に合致すること（公正慣行要件）、④報道、批評、研究その他の引用の目的上正当な範囲内であること（正当範囲要件）が必要です。例えば、プロバイダ側からは、「開示請求者の SNS の画像が転載されているが、これは、他の投稿もあわせて読めば、開示請求者の行為を批評する目的で引用されていることが明らかであるから、適法な引用に当たる」などと反論がなされることがありますので、開示請求者側としては、これに対して、批評目的の投稿といえるか、批評目的の投稿であるとして「正当な範囲内」での利用といえるかを検討し、主張・立証を行っていくことになります。

モザイクが付された画像、解像度の低い画像

弁護士 8 年目　男性

よくあるモザイクが付された画像、解像度の低い画像

　発信者情報開示請求を行うにあたり、頭を悩ませることが多い（にもかかわらずそれなりに件数がある）のは、転載された画像や写真にモザイクが付されていたり、元の投稿画像自体の解像度が低かったりする場合です。

　画像のコピーや写真の掲載行為が著作権侵害に当たると主張する場合、具体的には複製権の侵害を主張することが多いと思われます。

　複製とは、「印刷、写真、複写、録音、録画その他の方法により有形的に再製すること」をいいますが（著作権法 2 条 1 項 15 号）、発信者の投稿した画像に、例えばモザイクが付されていた場合や、解像度が相当低いものである場合、そもそも、開示請求者が著作権を有する画像・写真と同一のものかが問題になり得ます。また、複製となるためには元の著作物の表現上の本質的特徴を直接感得できることが必要となりますが、画像全体がモザイク処理されており、または解像度が相当低いものであるということになると、被写体の輪郭や本件動画のピント、明るさ、絞りなど、写真や動画の著作物の創作性が認められる根拠となるあらゆる要素が、捨象あるいは全く別のものに変更されていて、開示請求者が著作権を有する画像・写真の表現上の本質的特徴を直接感得することはできず、複製権侵害に該当しないと解される可能性もあります。

　このように、モザイクの付された画像や、解像度が低い画像が発信者により投稿されたことを理由に発信者情報開示請求を行う場合、著作権

侵害を主張し発信者情報開示請求を行うことが得策かどうかは、（そもそも、権利侵害の明白性が認められるかどうかも含め）一考の余地があるところです。

人格権侵害の使いどころ

　モザイクの付された画像や、解像度が低い画像については、著作権侵害で請求する場合は上述のような悩みがありますが、この画像が自らの容貌が写った写真であるときは、端的に、人格権侵害と構成して発信者情報開示請求を行うことを検討してみると、例えば、風俗関係のスレッドに高校の卒業写真をモザイク付きで投稿された場合などは、開示が奏功することも多いように思われます。

　人はみだりに自己の写真を公開されない人格的利益を有し、ある者の写真をその承諾なくインターネットにおいて公開することが不法行為法上違法となるかどうかは、その者の社会的地位、公開の目的、方法及び態様、公開の必要性等を総合考慮して、写真を公開された者の人格的利益の侵害が社会通念上受忍すべき限度を超えるものといえるかどうかを判断して決すべきと解されています（最判平成17年11月10日民集59巻9号2428頁〔28102344〕参照）。

　そのため、風俗関係のスレッドに高校の卒業写真をモザイク付きで投稿された場合や、SNSや掲示板に解像度は低いものの自己の裸体の写真を投稿された場合など、人の写真を、何らの必要性もなく、悪意をもって、その人に精神的苦痛を与える態様でインターネット上に公開しているといえる場合は、その人の人格権ないし名誉感情を侵害するものとして、発信者情報開示請求が認められる可能性が相当程度あると考えられます。

　このようなモザイクが付された画像であった場合以外にも、解像度が低い画像、他人には写真に写っている人物の同定ができない場合についても、写真に写っている人が自分の写真であるとわかるのであれば、人

格権ないし名誉感情が侵害されていると解されることが多いと思われます。モザイクが付されている、解像度が低い、などの理由で著作権侵害を主張することが難しく、かつ、問題の画像が開示請求者自身の写真である場合は、人格権侵害構成を検討してみてもよいかもしれません。

請求者側の留意点

弁護士 12 年目　男性

権利の確認は慎重に

　著作権は、著作物という情報を客体として成立する権利です。物権などのように権利の客体が有体であればよいのですが、情報という無体物の上に成立する権利の確認は、代理人として非常に気を遣う部分です。例えば、依頼者があるイラストの作者だといっていても、本当にそうである保証はどこにもないのです。もし、依頼者が他人の描いたイラストについて、自分が作者だと言い張っているのであれば、これを軽信してそのまま法的請求をすれば、バッジにも関わる非常にシビアな状況になってしまいます。著作権侵害に関わる法的請求は、一見楽しそうな業務に思われますが、実はそのようなシビアなリスクと常に隣り合わせであることを忘れないようにしています。

　私は、例えばイラストや漫画を、Photoshop で制作しているケースでは、PSD ファイル（.psd 拡張子の形式のファイル）という通常制作サイドでしか出回らないファイルを依頼者から送信してもらうなどして著作者性を確認しています。また、写真（デジタル）の場合は RAW データという調整前のデータをもらったり、写真データに保存されている撮

影に使用されたデジタルカメラのシリアル番号と、依頼者の保有している
るデジタルカメラのシリアル番号が一致しているかの確認をするように
しています。これらの確認は、面倒でも訴訟などで著作者性を争われた
場合にも援用できますし、著作権侵害の事案が持つリスクは上記のとお
り非常にシビアなので、面倒がらずに確認を実施するようにしています。

著作権侵害事案の権利侵害の確認

　インターネット上の著作権侵害事案は、権利侵害の確認事項は他の一
般的なインターネット上の権利侵害事案と異なりません。基本的には無
断転載サイトの URL を確認して権利の侵害が現認できるか、アーカイ
ブサイトで過去に権利侵害が生じていたことを確認し、PDF ファイル
などで保存時刻及び URL とあわせて保全します。

　写真やイラストなどの無断利用の場合に、著作権侵害の事案で注意し
ているのは、それらの画像データをウェブページとは別に保存すること
です。また、映像の場合も動画データを保全するように心がけています。
著作権侵害の事案では、写真、イラスト及び映像などの著作物のアップ
ロード行為それ自体が権利侵害になり、それらを表示する行為には著作
権侵害が肯定できない場合もあります。そうすると、著作権侵害のケー
スは、権利侵害の生じているウェブページではなく、当該ウェブページ
に表示されている、アップロードされた写真やイラスト、漫画、映像な
どの画像ファイル、動画ファイルが直接の侵害情報となります。そこで、
ウェブページだけではなく、そこに表示されている画像や映像データそ
のものを保存しないと侵害情報を直接保存したことにならないことに注
意が必要です。また、ウェブページのソースも保存して、ウェブページ
と保存した画像などのデータの結び付きも保全するようにしています。

引用の成否

　インターネット上の著作権侵害でよく（というかほとんど）主張される権利制限の抗弁が、引用（著作権法32条1項）利用です。かつて著作権法は特殊な業法という位置付けで、表現行為を生業とするプロフェッショナルが守ればいいという法律でした。そこで、引用の成否も非常にシビアに判定されていました。ところが、インターネット隆盛の現代は、国民総クリエイターといわれ著作権法は国民全員に関わりがある法律になりました。このような時代に著作権法は厳しすぎるという批判が少なからずあります。こうした批判を裁判所も徐々に受け入れはじめ、引用の判断も段々緩やかになっています。かつての基準では信じられないような適法判断を示す裁判例も、地裁レベルではなく知財高裁レベルで複数出されています。私もそのような事案の1つを担当して、かつては適法とされ得なかった水準の利用が適法と判断されることに驚きながらも、感慨深い思いを抱くこともありました。

　このように、最近引用の成否をめぐる裁判所の判断は徐々に変わってきていますので、依頼者にはそのことを説明して、過去の基準では認められなかった引用利用が認められる可能性もあることを、事件の見通しとして伝えるようにしています。

依頼者が許諾をしていた事案

　著作物の作者でないと持ち得ないデータの保有を確認し、著作権侵害もアーカイブで確認できた事案だったので、満を持して被疑侵害者に警告書を発送しました。ところが、被疑侵害者から、数年前に利用許諾を受けているという連絡がありました。大慌てで依頼者に確認したところ、確かに数年前に利用を許諾するやり取りをメールで行っていたが、すっかり忘れて無断利用だと思い込んでいたとのこと。その後は慌てて被疑侵害者に平謝りをするしかありませんでした。幸いにして被疑侵害者は

121

行き違いとして理解してくれましたが、内心とても慌てた事案でした。

　このように、権利の客体が目に見えないほか、利用許諾の有無についてもはっきりとした証跡がなく、多くの被疑侵害サイトで無断転載されている依頼者の場合、依頼者自身が利用許諾したことを完全に忘れていたケースでは、被疑侵害者に連絡をとる前に利用許諾の有無を確認することは不可能に近いところがあります。その他、著作権は譲渡された場合も不動産のように登記がされたり、動産のように占有が移転したりするわけではなく依頼者が黙っていた場合は、譲渡の有無を確かめることは困難です。産業財産権のように特許庁が権利をデータベース化しているわけでもありません。譲渡登録という制度はあるのですが、ほとんど利用されていないため、譲渡登録がないからといって著作権譲渡がされていないとは言い切れないところがあります。ところが、実際には著作権譲渡がされていた場合は、無権利者の代理人として警告書を送る羽目になりかねないのです。このように、著作権は客体が無体物であるもののしっかりとした管理制度がないため、権利の帰属や利用許諾の有無の確認に困難を来すことがあります。以上のような著作権侵害に対する対応は、常にリスクをはらんだ慎重な対応を求められる事案であることを、忘れないようにしています。

近年増えている P2P 事案

　近年、P2P のファイル共有ソフトで著作物を共有したとして法的請求を受けるケースが増えています。訴訟などになり、判決書が裁判所のウェブサイトで公開されている例も少なくありません。裁判所ウェブサイトで公開されている事例を見るとアダルトコンテンツに関する請求が目立つようです。この P2P 型の事案の特徴は、被疑侵害者が一般的なインターネットユーザーにより近い立場にあるというところです。つまり、P2P 事案の被疑侵害者は、単に著作物を無断利用しようとした立ち位置に近い部分があります。海賊サイトでいえば、海賊サイトの運営者

側ではなく、閲覧していたユーザーが法的請求を受けているイメージです。確かにダウンロードも一部違法化されていますが、ダウンロード違法化の際に課された厳しい主観要件に鑑みると、P2P事案はユーザー側に近い立ち位置の人が法的請求を受けているケースになります。そこで、相談があった際には最近の裁判例もよく確認してアドバイスするとよいでしょう。

ワンポイントアドバイス

　画像や写真の転載投稿のケースでは、著作権侵害構成のみならず、人格権侵害構成の検討が求められる場合があります。事案に応じて、適切な法律構成を選択しましょう。

　著作権侵害構成の場合であっても、大前提として依頼者が著作権者であることの立証及び侵害情報の保全についても十分な配慮が必要です。また、依頼者自身が著作権譲渡や利用許諾の事実を失念していた実例もありますので、依頼者へのヒアリングも入念に行いましょう。

▶ 交渉相手を見極めよう!

──問題になっているコンテンツの発信者と直接交渉し、任意で削除等をしてもらえれば、法的手続より迅速かつ低コストで解決を図ることができる。しかし、相手方によっては直接交渉すること自体がリスクを伴うので、慎重な見極めが重要である。

任意交渉のメリット・デメリット

　X（旧 Twitter）や Instagram、Facebook のような SNS は、投稿した本人が投稿記事を削除できますし、掲示板でも投稿者による削除機能が付いている場合があります（5 ちゃんねるのように、運営者でなければ削除できない掲示板もあります）。また、ブログ記事も投稿した本人が記事の削除や修正をすることができます。

　SNS や掲示板の投稿等を削除してほしい場合、法的な手続をとるとどうしても時間や費用が必要になりますが、投稿者本人や運営者に任意で削除してもらうことができれば、短時間で、かつ費用もかからずに済むというメリットがあります。

　他方、あくまで任意での対応要請であることから、相手方が応じなければそれまでです。また、削除を要請したことが投稿者の反発を買って、削除の要請をしたこと自体やその際の連絡内容が公開され（いわば「晒

124

される」)、かえって権利侵害が拡大するおそれがあるのも大きなリスクです。そのため、任意交渉を行うかどうかは、このようなリスクの大小をふまえて判断する必要があります。

任意交渉の連絡先（直接連絡する場合）

任意の交渉には、相手方と連絡を取ることが必要になります。

ブログであれば、管理者への連絡方法（メールアドレスや連絡フォーム）がサイト内に記載されていることが多いと思われます。この連絡方法を利用して連絡することが考えられますが、フォームの場合、送信した内容が自動的にサイト上に公開されることがあるため注意が必要です。

また、X（旧Twitter）やInstagram等では、通常の返信機能を使って連絡すると、その内容が誰でも閲覧できてしまうことから、やはり都合が悪いことがあります。DM（ダイレクトメール）機能を使えば、発信者と受信者しか内容を閲覧できないため、そのような支障はありませんが、DMを送ることができるユーザーを制限する設定がされている場合があり、必ず送信できるとは限らないという問題があります。

一方5ちゃんねる等の掲示板では、掲示板の運営者が削除申請の手順や連絡方法を公表していることも多いので、基本的にはそれに従うことになりますが、申請内容が公開されるような場合には任意交渉は行わず法的手続を選択することもあります。

テレサ手続を利用する方法も

個人が投稿しているブログ記事等の場合、投稿者に直接連絡するのではなく、いわゆるテレサ書式での削除申請（送信防止措置依頼）を利用して、ブログの運営事業者等に削除を要請する方法もあります。

送信防止措置依頼を受けた事業者は、投稿者に対して記事を削除する

125

かどうかの意見照会を行い（基本的には送信防止措置依頼の内容がそのまま転送されるようです）、応答がない場合は運営事業者の判断で削除されることもあります。

　この場合も、投稿者が反発して意見照会の内容を晒す危険がありますが、すでに管理を放棄しているようなブログであれば意見照会に応答がなく、運営事業者によって削除されることも期待できます。また、サイト上に投稿者の連絡先が見当たらない場合は、このような手段しかないと思われます。

体験談1

あえてのテレサ協請求

弁護士7年目　男性

テレサ協とは

　テレサ協とは、一般社団法人テレコムサービス協会の略称です。テレサ協は、平成6年に情報通信業界団体4法人が統合されて設立された団体で、情報通信産業に関わる企業（システムインテグレーター、インターネットサービスプロバイダ、ケーブルテレビ、コンテンツ事業者等）が会員企業となっています。

　テレサ協の活動は、多岐に及びますが、その中の1つとして、プロバイダ責任制限法に関する対応業務があります。

　具体的には、テレサ協が用意している書式及び必要書類によれば、テレサ協に加盟している会員企業であるインターネットサービスプロバイダにおいて、任意の削除や開示を行うというものです。

　このようなシステムは、俗称ではありますが、テレサ協による請求、

テレサ書式による請求と呼ばれています。

　この方法を行う場合には、裁判手続による場合に比べて、コストがかからないことや、状況によっては期間がかからない場合があることが見込まれ、メリットも大きいです。

　しかし、他方で、テレサ協による請求が行われた場合には、一度、該当する契約者に対し、意見照会がなされてしまうことや、あくまでも任意に対応を求めるのみであるため、拒否されてしまう場合があることなどのデメリットもあります。

テレサ協による削除

　テレサ協による削除は、正式には、「送信防止措置依頼書」という書式を対象となるコンテンツプロバイダに対して送付することによって行います。

　コンテンツプロバイダとは、実際の書き込みが行われたコンテンツを提供している者で、具体的には掲示板や SNS、ブログやホームページなどを運営する者のことです。

　この依頼を受けたコンテンツプロバイダは、7 日間（原則）の猶予を設けて、当該投稿を行った者に対して意見照会を行い、回答がない場合や、削除に応じる旨の回答が来た場合には、投稿を削除します。

テレサ協による開示

　テレサ協による開示は、正式には、「発信者情報開示請求書」という書式を対象となるインターネットサービスプロバイダに対して送付することによって行います。

　インターネットサービスプロバイダとは、インターネットへの接続サービスを提供する者で、具体的には、固定インターネット回線への接

続業者や、モバイル端末へのインターネット回線接続業者などのことです。

　この依頼を受けたインターネットサービスプロバイダは、当該投稿を行った者に対して意見照会を行い、開示を可とする回答を受けた場合には、開示を行います。

　もっとも、多くの場合には、投稿者が開示に同意しないので、そのような場合には、裁判手続に移行せざるを得ません。

あえてテレサ協の請求を行ってみる場合

　このように、テレサ協の請求は、強制力がない点や、相手方に対して意見照会が行ってしまう点がデメリットですが、このデメリットを逆手にとれる場面では非常に有効です。

　例えば、削除を求めたい場合においては、更新頻度が著しく下がっているブログなどの場合、7日間の回答期間切れで、削除が成功する可能性があります。

　また、投稿を行った者が理知的だったり、臆病で、このまま削除に応じない場合には、法的な措置がとられてしまうなどの不利益を被る可能性があることを認識して、自主的に削除する可能性に懸けてみることも一案です。

　さらに、開示を求めたい場合にも、投稿を行った者に対する一定の警告になることもあります。

　ただし、テレサ協の請求を行った場合、意見照会の書面が送信されてしまうので、そのこと自体を、再度SNSにアップロードするなどして、かえって被害が拡大する可能性がありますので、その点にも気を付けなければなりません。

サイト運営者、ブログ作成者、
Twitter 投稿者に削除依頼してみた

弁護士 5 年目　男性

削除請求は無理そうだ、それなら……

　ある犯罪で数年前に逮捕・起訴され、執行猶予付きの有罪判決を受けた方から、逮捕や裁判の時の報道記事が実名入りでネット上に残っており、就職活動でも名前を検索されて不採用・採用取消しになる等の支障が出ているので削除請求をしたいという相談がありました。

　私は、犯罪により逮捕されたり有罪判決を受けたりした事実をみだりに公表されないことにつき法的保護に値する利益があることは判例上も確立しているといえる一方で、一般的に犯罪報道は公益性が高く、法的な削除請求はハードルが高いこと等を考えると、現時点では任意で削除を依頼する選択しかできないと考えました。

報道機関のウェブサイト

　新聞社やテレビ局が、自社で運営しているウェブサイトにニュース記事を掲載しているものは、一定期間の経過により削除する運用が多いようですが、一部の新聞社とテレビ局のニュースサイトに逮捕時の記事が残っていました。

　そこで、それらの会社に、事件報道についての報道機関の社会的使命は重々承知しているが、判例上、逮捕や有罪判決の事実を公表されないことにつき法的保護に値する利益があるとされること、依頼者は執行猶

予の判決を受けて社会内での更生を図っているが、記事がネット上に残っていると再就職もままならず、更生の妨げになっているといった説明とともに、削除のお願いをする文書を送りました（あくまでお願いベースであることも考慮し、内容証明ではなく普通の書留郵便にしました）。

　文書が到着しても何も応答がなかったので、やはり無理だったかと思っていたところ、しばらくして依頼者から、該当の記事が削除されているようだとの連絡がありました。

　逮捕や裁判の当時は新聞やテレビのローカルニュースで取り上げられており、地元ではそれなりに大きな事件でしたが、報道から年単位の期間が経過して風化が進んでいたために、削除に応じてもらえたのではないかと思います。

まとめサイト、個人ブログ等への対応

　次に、事件当時に報道機関のサイトに掲載されたニュース記事を転載したと思われるサイトが数多くあり、これらは報道機関のサイトと違って時間が経過しても削除されないことから、実名で検索すると数多くヒットする状態でした。

　よく見ると、これらのサイトの中には、ニュース記事が5ちゃんねるに転載されたものをさらに転載した、いわゆる「まとめサイト」と、純粋に個人がニュース記事を自身のブログに転載したものがありました。

　前者は広告収入のために閲覧数さえ増えればよく、記事の内容にこだわりはないと考えられます。むしろ、トラブルに巻き込まれるのは嫌なので、削除申請があれば機械的に削除するというサイトも多くあります。各サイトで用意された削除申請フォームや連絡先に削除申請をすると、すぐに削除されていきました。

　他方、後者はブログ開設者の思想や信念（本件では、犯罪に対する正義感など）に基づいて転載していると考えられ、削除依頼をすると、そ

の依頼自体も転載されてしまうことなどが懸念されました。

　そこで、実名で検索したときに表示される順位が低いとか、利用シェアの低い Bing でのみ検索結果に表示されて Google では表示されないといったサイトは、あえて放置することにしました。

　もっとも、個人ブログでも最近は全く更新されていないようなものは、すでに運営が放棄されている可能性があるので、テレサ書式を使ってプロバイダ経由で削除申請を行い、開設者が無応答のときにプロバイダの判断で削除してもらう方法も併用しました。

X（旧 Twitter）の投稿

　X（旧 Twitter）では報道機関の記事のリンクを張るとともに、実名を含む記事の一部を転載したツイート（ポスト）もいくつかありました。

　Twitter 上でツイート主にその削除を依頼するルートとして、当該ツイートにリプライ（返信）をする方法と、ダイレクトメール（DM）を送信する方法があります。

　リプライは他のユーザーにも閲覧できてしまうため、削除依頼には使えないと考えました。DM は送信者と受信者以外は見ることができませんが、相手方と相互フォローの関係でなければ送れない設定になっていたので、事務所名でつくったアカウントでフォローしてみましたがフォロー返しはされないままでした。

　何か連絡先の手がかりがないかと相手方のプロフィールをよく見ると、ブログも運営しているようなことが書かれており、そのブログを見ると同じ記事を転載していました。

　そこで、そのブログ記事の削除依頼とともに、「Twitter の当該アカウントも貴方が運営しているのであれば、あのツイートもあわせて消してほしい」という依頼をしたところ、一緒に削除してもらうことができました。

　この場合、DM を送ることができていれば、その時点で削除には応じ

てもらえた可能性が高いと思われますが、設定上 DM を送ることができないこともあるので、投稿者に連絡する手段自体が限られていることがあります。

まとめ

　任意の削除依頼は、依頼できる相手かどうかを見極めるのが一番の壁だと感じました。記事内容にこだわりがないまとめ系サイトのようなものは機械的に削除されることが多い一方、相手を刺激して依頼内容が公表されたり、記事が更新されたりするといったことがあると、風化により下がっていた検索順位が再浮上してしまうといった問題も生じます。

　また、報道機関については、経過期間や内容にもよるのでしょうが、スムーズに削除に応じてもらえたことは意外でもありました。ある程度時間が経っているような記事であれば、任意での削除依頼を検討する余地はあるかと思います。

ワンポイントアドバイス

　法的措置と異なり任意交渉には正解がなく、また、当然ながら相手方に対する強制力もないことから、特に若手弁護士には敬遠する向きも少なくないかもしれません。しかしながら、裏を返せば、法律に囚われすぎることなく自由な発想で柔軟な解決を図ることができるのは、任意交渉の大きな特色です。本章の体験談は、インターネットトラブル事件において、相手方の属性や投稿の内容、投稿先の性質等々の諸要素を総合的に勘案した結果として、任意交渉こそが依頼者にとって最善の結果をもたらす手段になりうることを示すものです。ぜひ複眼的思考で戦略の幅を広げてみてください。

サジェスト汚染

▶「検索予測」のクリーニング

——検索エンジンは、インターネット上で必要な情報にたどり着くために必須の存在になっているが、検索時に不適切な情報が付加される「サジェスト汚染」も問題になっている。このため、コンテンツ自体による権利侵害とは別に対応が必要な場合もある。

いわゆる「サジェスト汚染」

　Google、Yahoo、Bing といった検索エンジンの検索窓に単語を入力すると、その単語とセットでよく検索されている単語が候補として表示されることがあります。これがサジェスト（オートコンプリートや予測検索と呼ぶこともあります）といわれる機能です。

　個人名や会社名で検索しようとしたときにこのサジェスト機能が働き、犯罪行為等のネガティブな単語と結び付けた検索候補が表示されることがあります。

　本来の検索対象の単語だけで検索しようとした人に対して不必要または不適切な情報が表示されるうえ、そのような検索候補が多数表示されることも少なくなく、これを見た人に本来の検索対象である個人や会社にネガティブな印象を与えることになります。

　これが「サジェスト汚染」と呼ばれている問題ですが、検索候補の真

実性や正当性とは関係なく表示されてしまうため、検索エンジンによって権利侵害が引き起こされるおそれがあります。

関連ワード、スニペット

検索エンジンで何らかの単語を検索した検索結果の表示とともに、その単語と関連する可能性があるものとして、関連キーワード（関連検索ワード等ともいう）が表示されることがあります。この関連キーワードにネガティブな単語が含まれていると、サジェスト汚染と同様の問題が生じます。

また、検索結果の表示の際に、ヒットしたコンテンツの一部が表示される「スニペット」という機能がありますが、コンテンツ内の文脈や全体像を無視して一部が切り出されるため、見る人に対して不正確または不適切な情報が表示される場合があります。

申請フォームによる削除申請

サジェストや関連キーワード、スニペットを削除したい場合は、まずは各検索エンジンが提供している削除申請フォームを利用することが考えられます。

申請フォームには、削除対象の単語や削除を求める理由等を記入します。送信後、申請を受け付けた旨の自動返信が届くこともありますが、実際の対応には数日から場合によっては1か月程度かかるようです。

また、何の応答もなく削除される場合もありますが、しばらくして詳細な説明を求めるメールが来ることもあります。

ただ、仮に削除申請が通って削除されたとしても、少し単語を変えた別のネガティブワードでのサジェストが登場したり、一度は消えたサジェストが復活する場合もあるようです。

法的措置はとり得るか

　申請フォームで削除申請をしても実現しなかった場合に、法的な手続
（仮処分または本案訴訟）によって削除を実現できるかという問題があ
ります。

　サジェストワード削除（表示の差止め）の仮処分が認められた事例も
あるようですが、基本的には消極的な判断が多いようであり、法的手続
のハードルは高いと考えられます。Google や Bing のような海外事業者
に対して法的手続をとることは、コスト面での負担も大きくなります。

検索結果からの削除

　上述のサジェスト等の削除とは少し違うテーマで、権利侵害の内容を
含むコンテンツ（ウェブサイト上のテキスト・画像やウェブ上に公開さ
れている PDF ファイル等）が検索結果に表示されないようにできるか
という問題があります。

　この点については、最高裁での判断が出たことから（最決平成 29 年
1 月 31 日民集 71 巻 1 号 63 頁〔28250362〕）、実務上はこの判示を基準
に検討することになりそうですが、全体的には法的に削除が認められる
ハードルは高いといわざるを得ないと思われます。

Google、Yahoo、Bing のスニペット、サジェスト、検索結果削除

弁護士 6 年目　男性

ウェブ上の記事自体も問題ではあるけれど

　詐欺の嫌疑で捜査を受けたことが報道され、結果的に立件されなかったものの、実名で検索すると被疑者段階の記事が検索結果に表示されてしまうために事業等に支障が出ているという人からの相談を受けました。

　記事の存在も問題ではあったのですが、Google 等の検索エンジンに実名（仮に「〇山△男」とします）を入力すると、検索窓の下に「〇山△男　詐欺」「〇山△男　逮捕」といった、ネガティブな単語と合わさった検索ワードの候補（サジェスト）が自動的に表示されていました。

　また、実名で検索した際に表示される検索結果一覧の横や下に「関連性の高い検索」として、同様にネガティブワードと一体になった検索候補が表示されていました。

　依頼者は個人事業主だったので、仕事の取引先などに個人名で検索されることもあり、このような検索ワード候補が表示されるだけで信用を損なうし、候補に従って検索されたら過去の記事が出てきてしまうので、これらの検索ワード候補も表示されないようにしたいということになりました。

検索エンジンへの申請

　我が国では、Google、Yahoo、Bing の 3 つの検索エンジンが利用さ

136

れる割合が高いので、これらに対してサジェストの削除を申請すること
にしました（シェアでいうと Google が圧倒的ですが、Bing は Win-
dows で標準の検索エンジンに設定されている場合があるようです。ま
た、Yahoo も昔から馴染みがあって使っている人は多いようです）。

　それぞれの検索エンジンで削除申請フォームが用意されているので、
そこに申請対象の検索ワードや申請理由を記入しました。Google では
削除ポリシーが抽象的ながら公開されており、個人のプライバシーに関
する言葉や中傷的な言葉は候補として表示しないとされていたので、本
件はこれに該当するということを記述しました。他の検索エンジンにも
同様の内容で入力しました。

申請をしてみたが

　申請フォームから送信しても、削除に応じるか否かの回答が来るわけ
ではなく、削除される場合でも数日間はかかるようだったので、しばら
くは待つしかないという状況になりました。

　1、2日ほど経過して、試しに各検索エンジンで「○山△男」と入力
してみたところ、3つの検索エンジンのうち2つは、以前は出ていた
「○山△男　詐欺」「○山△男　逮捕」といったサジェストが出なくなっ
ていました。しかし残り1つの検索エンジンでは変化ありませんでした。

　また、関連検索候補も、消えたものと消えなかったものがあるという
状況になりました。

消えたはず、だったが

　それでも一定程度は目的を達成できたので、まあよかったと思ってい
たのですが、数日後に依頼者から、一度消えたはずのサジェストのうち
の1つがまた表示されるようになった、また別の検索エンジンでは「○

山△男　架空取引」といった別のサジェストが表示されるようになったという連絡がありました。

　サジェストは検索エンジンのユーザーが検索した単語の動向等をベースにして変動するもので、1つ削除したとても、別のものが出てくることはあり得ます。また、一度消えたサジェストワードが復活する場合もあるようです。

　出てきたものに対しては、また同じように削除申請を出すことになりましたが、まるでモグラ叩きのようで、依頼者としては、いつまで続くのかと不安だったようです。

法的措置の検討もしたが

　検索エンジンに対してサジェストワードの削除を求める仮処分を起こした事例もあるということだったので、本件でも検討はしました。しかし、Google など海外の事業者を相手方とする裁判手続は負担が大きいうえ、裁判例でもサジェストワードの削除は消極的であること、また本件では犯罪事実に関する内容であって一定の公益性があるということになると、さらに削除のハードルは高いということになり、結局見送りとしました。

サジェストワードや関連検索は変動することを前提に

　今回の件では、一度は消えたものが復活したり、別のネガティブワードと結合した新たな検索候補が表示されたりしたことで、一喜一憂することになってしまいました。

　検索エンジンの仕組み上、そういうものだとしか言いようがないのかもしれませんが、あらかじめ依頼者にも認識してもらう必要があると感じました。

　また、検索エンジンのサジェスト等の削除対応は、元のコンテンツ（本件でいえば、捜査対象になったという記事）が存在する限り、あくまで「小手先」のものに過ぎないということを大前提に考える必要もあります。サジェストや関連検索にネガティブワードが出なくなったとしても、実名＋αで検索すれば好ましくないコンテンツが検索結果に表示されてしまうのであれば、その弊害は避けられないためです。

　そのため、サジェストワードや関連検索の削除は、元のコンテンツが削除できない場合の次善策という程度に考えた方がよいと思いました。

ワンポイントアドバイス

　サジェストワードや関連検索を削除する場合には、当該検索エンジンの申請フォームによる削除申請が奏功する場合があります。ただし、削除が奏功した場合でも、新たにネガティブなサジェストワードが発生する場合もありますので、サジェストワードの削除が抜本的な解決に至るとは限りません。受任の際は、依頼者に対し、サジェストワードは変動しうることを十分に理解してもらうことが必要です。

投稿日確認〜ログの保存期間〜

▶ 投稿から何か月後？
投稿日には要注意！！

——コンテンツプロバイダから取得する情報がIPアドレスであった場合は、アクセスプロバイダのログの保存期間との関係から、投稿者の特定ができない場合がある。

なぜログの保存期間が重要なのか？

　掲示板やSNS事業者等のコンテンツプロバイダは、投稿者本人の氏名や住所等の訴訟提起の際に必要となる情報を保有していないことが多いです。そのため、コンテンツプロバイダが当該投稿について有するIPアドレスに関する通信記録（ログ）を割り当てられた契約者情報について、携帯電話事業者などのアクセスプロバイダを相手方として2度目の開示請求をする必要があります。しかし、アクセスプロバイダはログを長期間保有することはなく、古いログから順次削除してしまいます。アクセスプロバイダによって、ログの保有期間は異なりますが、多くの場合3か月から6か月のプロバイダが多いです。ログの保存期間が切れてしまったら、せっかく苦労して得たIPアドレスが無駄になってしまうため、投稿日からどの程度期間が経過しているのか、ログの保存期間

との関係から逆算して戦略を立てる必要があります。

裁判外交渉でのログ保全

　ログの保存期間との関係から、IP アドレスが判明した場合はすぐにアクセスプロバイダを相手方とする開示命令を申し立てる必要があります。しかし、申立てには相手方の資格証明書の取得や、依頼者からの陳述書を取り付ける必要があるなど、時間との関係でハードルとなるものがいくつもあります。

　そこで、IP アドレスが判明したらすぐに当該アクセスプロバイダ宛に直接ログの保存延長のための裁判外での開示請求をする必要があります。多くのプロバイダは、裁判外での書面受理をしてから数か月間は、ログを消去せずに保存しておいてくれます。

　また、アクセスプロバイダからの意見照会に契約者が同意した場合には、裁判所を通した開示命令申立てをせずとも、投稿者の氏名・住所の情報を手に入れることができる場合もあります。

依頼者へのリスク説明

　コンテンツプロバイダへの開示命令が長引いた場合や、開示決定が発令されてから IP アドレスの提供が遅いコンテンツプロバイダが相手方であった場合には、ログの保存期間切れのリスクが大いにあります。依頼者との初回面談の際には、ログの保存期間の点について説明し、コンテンツプロバイダからの開示決定を得たとしても、そこから手続が進まなくなるリスクを説明し、承諾を得たうえで進行するべきだと考えられます。

プロバイダ各社の対応いろいろ

弁護士 1 年目　男性

相手方プロバイダの確認

　コンテンツプロバイダに対する提供命令、もしくはコンテンツプロバイダから得た IP アドレスを Whois 検索を行った結果判明したアクセスプロバイダが、複数のサービスを展開している場合や、複数のグループ会社にまたがって運用されているサービスであった場合には注意が必要です。

　あるアクセスプロバイダにおいては、一般消費者向けサービスと、事業者向けサービスで管理する主体が異なっています。Whois 検索で表示される運営主体は A 社であっても、実際に当該契約者情報を管理しているのはグループ会社である A′ 社ということがあります。そのため、複数のサービスを展開している場合や、複数のグループ会社にまたがって運用されている場合には、Whois 検索だけでは実質的な相手方を特定できないことになってしまいます。そして、実際にいずれか一方のみに開示命令を申し立てた場合も、契約者情報の保有状況については申立て直後には明かされず、期日内で明かされる場合もあります。

　一方のプロバイダのみに申立てを行った場合、いずれかのプロバイダが契約者情報を持っていないことが判明した段階でもう一方のプロバイダのログ保存期間が超過してしまい、契約者情報の特定が不可能になってしまうリスク、期日に先行して行われる消去禁止の手続が滞ってしまうリスクがあります。

　このようなリスクを回避するため、同時に 2 社を相手方として申立てをするようにしています。ただし、期日指定の際に、裁判官から「なぜ、

相手方が2社あるのか？」と問われる可能性が高いため、上記のような事業体系についてあらかじめ証拠を提出し、説明をすることが必要です。

発信者情報目録の表記

　これまで扱ったアクセスプロバイダ向けの発信者情報目録では、「接続元IPアドレスを、投稿日時（JST）に使用し、相手方株式会社○○に接続した契約者に関する情報」という書き方をしていたことが多くありました。

　しかし、アクセスプロバイダによっては、発信者情報目録について下記のような書き方でなければ、契約者情報を特定できないとされるので、注意が必要です。

> 「別紙投稿記事目録記載の接続元IPアドレスを、同目録記載の投稿日時（JST）に、相手方株式会社○○から割り当てられていた電気通信回線の契約者に関する以下の情報」

　アクセスプロバイダとしては、接続元IPアドレスを実際に割り当てられて通信を行った者は誰であるかは知り得ず、接続元IPアドレス、時刻及び接続元ポート番号の3点という外形的な情報から特定される通信回線の契約者に関する情報を知りうるのみであるため、上記のような書き方でなければ受け付けない運用になっているようです。

　また、契約者情報の指定には、「接続元ポート番号」が必要になる場合もあり、その場合には投稿記事目録に接続元ポート番号を追記することが必要です。特定方法によっては接続元ポート番号が不要な場合もあるようですが、後から訂正を求められるリスクがあるため、接続元ポート番号も記載するようにしています。

143

電話番号が判明した場合の注意点

　コンテンツプロバイダから開示される情報に電話番号が含まれていた場合、基本的にはアクセスプロバイダへの開示命令申立は不要であり、弁護士会照会による契約者情報の請求が一般的です。その場合、開示決定及びかかる開示決定に基づく開示結果として表示された資料の添付が必要です。

　しかし、ごく少数ですが、アクセスプロバイダによっては、電話番号に関する弁護士会照会について回答拒否の対応をとっているようです。実際に回答拒否の対応をとられた際に、異議申立書を提出しましたが、対応は変わらず、結果として契約者情報を得ることができませんでした。

　弁護士会照会制度は万能ではないということを痛感するとともに、このような事態を打開するためには、各弁護士会が共同して何らかの行動をとる必要があるのではないかと考えています。

IPv6 の罠
掲示板から IP 開示されたのに……

弁護士 7 年目　男性

発信者 IP の開示はできた

　インターネット掲示板の書き込みや Twitter（当時。現 X）の投稿で悪質な誹謗中傷を受けたという方の依頼で、発信者情報を取得して損害賠償請求を進めることになりました。

　掲示板の運営会社は、一定の場合には運営側の判断で投稿者の IP ア

ドレスを任意で開示しており、書き込みの内容が誹謗中傷であることが容易に認められる内容であったことから、すぐに任意の開示がなされました。

X（旧 Twitter）はそういった任意開示には応じないため仮処分を申し立てましたが、こちらも発信内容から権利侵害の認定はそれほど困難ではなく、比較的スムーズに開示の決定がなされました。それを受けてTwitter 社（当時）から対象投稿時のログイン IP アドレスが開示されました。

発信者プロバイダを特定して……？

順調に発信者の書き込み時や投稿時の IP アドレスが取得できたので、次はその IP アドレスを使用しているプロバイダを特定し、契約者情報の開示を求める手順に入りました。

IP アドレスの利用プロバイダを逆引きで調べたところ、IPv4 の設備しか持っていないプロバイダが IPv6 サービスを提供できるように IPv6に変換する、いわゆる IPv6 ローミングサービスを提供しているプロバイダのリモートホストであることがわかりました。

プロバイダに発信者情報の開示請求をしたが……

とりあえず、ローミングサービスプロバイダに発信者情報の開示請求を行ったところ、IPv6 のアドレスか、ソースポート番号と接続先 IP アドレスの情報がなければ発信者を特定できず、開示することができないという回答がありました。

掲示板や X（旧 Twitter）から開示された IP アドレスは IPv4 のアドレスでしたが、ローミングによって 1 つの IPv4 の IP アドレスが複数の IPv6 アドレスに対応しているため、発信者を特定することができな

いことになります。

そして、IPv6 のアドレス情報は、発信時やログイン時にコンテンツプロバイダ（本件では掲示板や X）で取得・保存していなければ、後から遡って調べることはできません。ソースポート番号と接続先 IP アドレスはローミング先の情報であり、IPv6 アドレスと同様に取得されていなければ後から調べることは不可能です。

掲示板の運営や Twitter 社に、IPv6 の発信者 IP アドレスまたはソースポート番号と接続先 IP アドレスも開示できないか問い合わせてみましたが、情報がないという回答でした。

こうして、プロバイダから発信者情報を取得する手段はなくなってしまったのでした。

反省点やその後の状況

この件では、問題の書き込みや投稿とほぼ同様の文章をインターネット以外の媒体でも頒布していた人物がおり、そちらの調査を進める中でインターネットでの書き込み・投稿も同一人物によることがある程度立証できたので、結果的に損害賠償への道は残ったのですが、手間と費用をかけて書き込み・投稿の発信者 IP アドレスを獲得したのに、IPv4 とIPv6 のローミングという技術的な障壁で発信者にたどり着けないということは想定していなかったため、依頼者への説明にも苦慮しました。

現在は、IPv4 アドレスの枯渇への対応として IPv6 への移行が進んでいる過渡期であり、IPv6 アドレスをログ保管していない掲示板等のコンテンツプロバイダもあるようです。これはコンテンツプロバイダ側の対応に依存しているため、いかんともし難いのですが、今後は IPv6 アドレスのログを保持することが増えてくるものと期待しています。

（なお、5 ちゃんねるは 2022 年 1 月からソースポート番号と接続先 IP アドレスもログ保存するようになったようです）

ワンポイントアドバイス

　インターネット上の投稿トラブルへの対応において最も気を付けるべきは時間制限であるといっても過言ではありません。ログの保存期間が過ぎればIPアドレスの開示は受けられません。消滅時効さえ気にしていればよい通常の事件との違いに留意しましょう。

　また、プロバイダ各社によって、対応がまちまちなところもあります。体験談を通じて、各社の特徴をつかみ、思わぬところで落とし穴にはまらないように気を付けましょう。

147

Method 15 | プロバイダ代理人から見た 発信者情報開示請求

▶ 開示請求　ここを気を付けよう！
〜プロバイダ代理人の視点から〜

——これまでは発信者側から見た発信者情報開示請求を取り扱ってきた
が、本 Method では、プロバイダ代理人側から見た、発信者情報開示請
求対応を可能な範囲で紹介したい。

発信者情報開示請求の件数の推移

　ご承知のとおり、プロバイダ責任制限法は、権利侵害情報が匿名で発
信された際、被害者（権利を侵害されたと主張する者）が、加害者（発
信者）を特定して損害賠償請求等を行うことができるよう、一定の要件
を満たす場合には、プロバイダに対し、当該加害者（発信者）の特定に
資する情報の開示を請求する権利を定めています。

　被害者から発信者情報開示請求がなされた場合、プロバイダは、発信
者情報の特定、権利侵害の明白性等の要件該当性の検討、意見照会の実
施、仮処分・非訟・訴訟対応等を行うことになります。この開示請求の
件数は年々増加しているとのことで、少し古い資料ですが、総務省「発
信者情報開示の在り方に関する研究会（第 7 回）」「配布資料　資料 7−
2（一般社団法人）日本インターネットプロバイダー協会（JAIPA）提

出資料」（https://www.soumu.go.jp/main_content/000708777.pdf）によれば、「2017 年→2018 年→2019 年で、年 1.5 倍ずつのペース」で開示請求の件数が増えています。また、2023 年 10 月 16 日の読売新聞の記事（「手続き簡略化から 1 年、ネット中傷の発信者開示請求が急増…対応できない事業者には制裁金も」）によれば、2021 年の東京地裁での発信者情報開示請求の件数は 894 件であったのに対し、2023 年 8 月末までに、2022 年 10 月施行の改正プロバイダ責任制限法で導入された新制度の申立て数だけで 2,764 件に上っているとのことです。

　このような開示請求の件数の増加に対し、人的・物的リソースが十分ではないプロバイダでは、対応に時間を要してしまうという事象も発生しているようです。開示請求者側で代理人をする場合には、プロバイダによっては、開示に時間を要することもある点を事前に依頼者に説明をしておくということも重要なように思われます。

発信者情報開示請求に対するプロバイダの対応

　プロバイダ（特にアクセスプロバイダ）は、発信者情報開示請求が届いた場合、プロバイダ責任制限法に基づき、発信者である契約者に対して意見照会を行います。筆者の知る限り、プロバイダは、ほとんどの場合、意見照会で同意の回答がない限り、訴訟外で任意で発信者情報を開示するということはしていません。このように、プロバイダが、裁判外で発信者情報を開示していないのは、権利侵害にかかる投稿を見ても、プロバイダからして権利侵害が「明らか」であると判断することが難しく（自らの顧客である契約者に対して「当社の判断で開示しました」と説明がしにくいというようなところもあるように思われます）、特に発信者に意見照会して「不同意」と回答された場合は、それを覆して開示するのは難しいからであると思われます。

　そのため、個別のプロバイダの対応によるところが大きいですが、発信者情報開示請求は、基本的には、裁判手続によって進めるのが、最終

的に早く進むことが多いのではないかと思われます。

IP アドレス及びタイムスタンプ

　上述のとおり、プロバイダ（特にアクセスプロバイダ）は、発信者情報開示請求が届いた場合、プロバイダ責任制限法に基づき、発信者である契約者に対して意見照会を行いますが、その前提として、プロバイダは、訴状等に記載された IP アドレス及びタイムスタンプ等から、権利侵害にかかる通信（と主張されている通信）を行った契約者を特定する作業を行うことになります。この契約者の特定作業は、実はかなりアナログで、筆者の知る限り、訴状等に記載された IP アドレス及びタイムスタンプ等を社内データベース等に手打ちで転載して、当該 IP アドレス及びタイムスタンプ等で特定される通信があるか否か、あるとして契約者は誰かということを確認するという作業をしていることが多いと思われます。

　訴状等に記載の IP アドレス及びタイムスタンプに誤記があると、誤った情報に基づき通信が特定されることにもなりかねませんので、訴状の別紙投稿目録に記載する IP アドレス及びタイムスタンプは、誤りがないよう慎重に記載する必要があります。

　また、昨今では、特に P2P 案件などで 100 個前後の通信について開示請求がなされる事案もありますので、この IP アドレス及びタイムスタンプの転記作業は、（請求されている通信が多ければ多いほど）相当程度の時間を要することになります（プロバイダ側代理人は、「調査に時間を要する」などと述べることが多いです）。多くの投稿を対象にして発信者情報開示請求を行う場合、この通信の特定作業にプロバイダ側で一定の時間を要するということは、あらかじめクライアントに説明しておくのが穏当なように思われます。

契約者情報の保有の有無

　プロバイダ責任制限法上、発信者情報開示請求は、開示関係役務提供者が「保有」する発信者情報の開示を求める請求権とされています。実務上、プロバイダは、上述の手順で通信の特定を試みたうえで、通信が特定でき、契約者情報を保有している場合は、契約者情報（またはその一部）を保有している旨答弁し、他方、契約者情報を保有していない場合は、契約者情報を保有していない旨答弁します。

　プロバイダが契約者情報を保有していないことが明らかになった場合（通常は、初回の答弁で明らかになります）、実務上は、開示請求者側が当該通信にかかる発信者情報請求を取り下げて、残りの発信者情報開示請求について審理を継続することが一般的です。

> **体験談 1**

法人の名誉感情侵害？

弁護士 8 年目　男性

「A（法人の代表者）は、がいじである」との投稿

　例えば会社の代表者（ここでは A とします）から、「B 社について語ろう」と題する掲示板スレッドに、「A はがいじ（障害者の意）である」と投稿されていると相談を受けた場合、この投稿に対して、会社を開示請求者として、発信者情報開示請求を行うことはできるでしょうか。

　会社の代表者を名指しで誹謗中傷する投稿は、（大変残念ながら）よく見かける類型の投稿のように思われます。

　筆者がプロバイダ側で対応した上記の事案は、この種の投稿に関連し

151

ており「B社について語ろう」と題する掲示板スレッドに、B社の代表者であるA氏を名指しして、「Aはがいじである」との投稿がなされたことについて、B社が、「①『Aはがいじだ』との投稿は、一般の閲覧者に対し、B社が障害を有する人物（A氏）によって経営されているとの印象を与え、B社の社会的評価を低下させるものである。②また、仮に名誉毀損が成立しないとしても、上述の投稿は、B社に対する侮辱であり、『権利が侵害されたことが明らか』である」と主張して、B社の名誉権ないし名誉感情を侵害することを理由とする発信者情報開示訴訟を提起しました。

法人に対する名誉毀損（個人への名誉毀損が法人に対する名誉毀損になるか）

　法人は、精神や感情を有していませんが、法人も社会的存在として社会的評価を受けているため、その評価が低下すれば名誉毀損になると解されています。

　これを前提に、B社も、「『Aはがいじである』との投稿は、一般の閲覧者に対し、B社が障害を有する人物（A氏）によって経営されているとの印象を与え、B社の社会的評価を低下させる」と主張していました。これに対し、プロバイダ側は、答弁書において、同定可能性を争うとともに、「本件投稿は、A氏に対する抽象的な意見ないし感想を述べるものに過ぎず、具体的な行為の摘示もないから、一般閲覧者がB社の主張するような印象を受けることはなく、したがって、B社の社会的評価を低下させるものとはいえない」と争いました。

　個人への名誉毀損が組織への名誉毀損となるかについては、最高裁判例があるわけではないものの、下級審裁判例は、概ね、問題の投稿が法人の代表者に対してのみ向けられているに過ぎない場合は、法人に対する名誉毀損は成立しないと解する傾向にあると思われます。代表者個人に対する名誉毀損的表現がなされている場合、投稿の具体的な内容に

よっては、組織（法人）に対する名誉毀損が認められている例もあるようですが、基本的には代表者個人の信用が組織にとって重要な役割を果たしているなど、一定の事情があることをふまえて、組織に対する名誉毀損を認めていると考えられます。

　上述の事案では、裁判所は、少なくとも「Ａはがいじである」との投稿では、Ｂ社の社会的評価を低下させているとまではいえないと判断し、判決では、Ｂ社の名誉毀損の主張を認めませんでした。

法人に対する侮辱（名誉感情侵害）

　名誉感情は、いわゆる主観的名誉であり、「人が自分自身の人格的価値について有する主観的な評価」とされています。そして、法人には感情は存在しないことから、法人に対しては、侮辱による不法行為は成立しないと解されています。

　この点をふまえ、プロバイダ側は、「法人は名誉感情を持ち得ず、法人の名誉感情侵害は成立しない」と反論したところ、裁判所も、判決において、同様の見解を示して、Ｂ社の名誉感情侵害の主張を認めませんでした。

本件訴訟の帰すう

　以上の次第で、Ｂ社は、その代表者を名指しして中傷する投稿について、Ｂ社自身の権利が侵害されているわけではないとして、この訴訟においては、発信者情報の開示を受けることができませんでした。

　もっとも、訴訟の中で、裁判所から、Ａ氏個人を原告とする別訴を提起するよう示唆がなされ、その後Ａ氏個人を原告として、「『Ａはがいじである』との投稿は、一般の閲覧者に対し、Ａ氏が障害を負っているとの印象を与え、Ａ氏個人の社会的評価を低下させるのみならず、

A 氏個人の名誉感情も侵害する」と主張して、発信者情報開示請求の別訴を提起するに至り、最終的に、この請求が認められ、A 氏は発信者情報の開示を受けることになりました。

　上述のような経過をたどったことから、A 氏が発信者情報の開示を受けることができたのは、B 社を原告とする訴えの提起から 1 年以上経過した後でした。当初から、A 氏も原告に加えて訴えを提起していれば、半年程度早く開示判決を得ることができた可能性は否定できないところであり、筆者としても、発信者情報開示請求をスムーズに進めることの難しさを実感した訴訟でした。

体験談 2

違法性阻却事由が問題になるケース

弁護士 8 年目　男性

違法性阻却事由をうかがわせるような事情の有無が問題になるのはどのようなケースか？

　プロバイダ責任制限法 5 条にいう「権利が侵害されたことが明らか」とは、権利の侵害がなされたことが明白であるという趣旨であり、不法行為等の成立を阻却する事由の存在をうかがわせるような事情が存在しないことまでを意味するとされています。事実摘示による名誉毀損については、当該行為が公共の利害に関する事実にかかり、専ら公益を図る目的に出た場合において、摘示された事実が真実であることが証明されたときは、その行為の違法性が阻却されるので、開示請求者は、上記真実性の抗弁の成立をうかがわせるような事情がないことを主張・立証する必要があるということになります。

　発信者情報開示請求において、この違法性阻却事由をうかがわせる事情の有無が争点になることは必ずしも多くありません。例えば、「A氏は嘘つきである」、とか、「B子はヤリマンだ」などの投稿に関して、その公共性や真実性が問題になることはほとんどありません。他方、対象者が犯罪行為やパワハラ・セクハラ等の違法行為を行っていることを指摘する投稿や、政治家の行状について指摘する投稿については、プロバイダ側から、違法性阻却事由をうかがわせるような事情がないとはいえないことについて相当程度の反論がなされ、この点が主たる争点となることがあります。

「C社は元本保証をうたった投資詐欺を行っている。被害者が多数いる」との投稿

　筆者がプロバイダ側で対応した事案において、SNSに「C社は元本保証をうたった投資詐欺を行っている。被害者が多数いる」との投稿がなされたことについて、C社が、「C社が投資家を騙して、投資家に全く利益をもたらさない投資勧誘を行っているとの事実を摘示するもので、C社の社会的評価を低下させる」と主張して、C社の名誉権を侵害することを理由とする発信者情報開示訴訟を提起したものがありました。

　通常であれば、プロバイダ側は、C社が投資詐欺を行っているかどうかについて情報を持っておらず、真実性について詳細な反論を行うことが難しいことから、違法性阻却事由をうかがわせるような事情がないことを厚く主張・立証することはありません。

　ところが、本事案では、プロバイダ側が発信者に意見照会を行ったところ、発信者が代理人弁護士を選任し、当該代理人が作成した、開示に同意しない旨の回答書とともに、発信者が問題と考えているC社の行為の詳細が記載された資料やC社のことを報道した新聞記事や雑誌記事が返送されてきました。このような意見が発信者から送付されてきた場合、プロバイダとしては、発信者の意向が十分に反映されるような形

155

で訴訟追行を行う必要があります。本事案でも、プロバイダは、発信者からの回答や証拠資料をふまえ、代理人名義で作成された回答書や、新聞記事、雑誌記事を証拠として提出して、仮に上述の投稿がC社の社会的評価を低下させるとしても、その違法性を阻却する事由が存在することをうかがわせるような事情がないということはできないとの反論をしました。

裁判所の判断

その後、C社とプロバイダとの間で数回準備書面のやり取りがなされましたが、最終的に、裁判所は、公共性、公益目的を否定できないと述べたうえで、真実性については、新聞記事や雑誌記事に記載された内容が虚偽であることを示す証拠が存在しないと指摘して、上述の投稿について、違法性阻却事由の存在をうかがわせるような事情がないとはいえないと判示しました。

これにより、C社による発信者情報開示請求は棄却され、かえって、新聞記事や雑誌記事に記載されたC社の行為が違法性を帯び得る行為であることを裁判所に認定されてしまう事態となりました。

発信者による回答内容の重要性

この事案では、プロバイダから発信者に対して行う意見照会において、発信者が代理人を選任して、代理人名義で詳細な回答書や証拠資料が提出されたことが判断に大きな影響を与えたと思われます。

他の事案を見ると、例えば同じように詐欺行為を告発するような投稿であっても、意見照会への回答書の中に詐欺被害の具体的な事実や根拠が記載されていなかったり、詐欺被害の存在をうかがわせるような資料（新聞記事や他の被害者の投稿等）がなかったりした場合には、問題と

なっている投稿内容自体に詐欺の具体的な根拠が示されているような場合でない限り、違法性阻却事由をうかがわせる事情は存在しないと認定されることが多いように思われます。

　開示請求者側としては、問題となる投稿が開示請求者の犯罪や違法行為を指摘する内容の投稿である場合には、発信者から意見照会に対する詳細な回答書が提出されたとしても、違法性阻却事由の有無で負けてしまう可能性がないか（すなわち、裁判所により、違法行為のお墨付きを与えられてしまう可能性がないか）を依頼者に事前に十分に確認をしておく必要があろうかと思われます。

ワンポイントアドバイス

　プロバイダ側の弁護士という、インターネットトラブル事件の構図において実質的には中立的ともいえる立場からの、貴重な体験談をご覧いただきました。請求者側で受任すると、依頼者の強い被害感情に向き合ったり、IPアドレスのログの保存期間に追い立てられたりで、時として視野が狭くなり、きちんと法律上の要件に沿って主張を構築することが疎かになってしまうこともあるかもしれません。しかし、それではかえって遠回りになってしまう、場合によっては依頼者の正当な権利を実現できなくなってしまうということを、我々弁護士はプロとしていま一度肝に銘じなければなりません。

157

16 | 新制度の対応

▸ 1年経って見えてきた
新制度の実際

——令和4年10月1日からはじまった改正プロバイダ責任制限法に基づく新制度。新制度は非訟事件となるが、従来の仮処分や訴訟と併用することもできる。ここでは新制度の概要を紹介したい。

発信者情報開示命令の概要

　令和4年10月1日に施行された改正プロバイダ責任制限法によって定められた新しい発信者情報開示のための手続が、発信者情報開示命令と呼ばれる裁判手続です。

　発信者情報開示命令も、改正後のプロバイダ責任制限法5条（改正前は4条）に定められた発信者情報開示請求権の実現のための手続の1つであることは変わりません。ただ、従来の仮処分や、本案訴訟と異なりこの発信者情報開示命令については、非訟事件手続とされています。

申立ての方法

　申立ての方法は、従来の制度と大きく変わっていません。まず、申立書を作成して裁判所に提出します。東京地方裁判所の場合は、知的財産権の侵害については知的財産権部の事件係（中目黒庁舎）に申立書を提出します。知的財産権以外の権利侵害は、霞ヶ関本庁にある保全部（民事第9部）に申立書を提出します。その後、担当裁判官が決まり、簡単な申立内容の確認の後に、通常はTeamsを用いて実施するウェブ期日の日程を決めたうえで、申立書の副本を裁判所から相手方に送付します。その後、申立人、相手方双方出席のうえ、非訟事件手続期日が進行し、その中で裁判官がプロバイダ責任制限法5条に定められた発信者情報開示請求権の存否を判断し、機が熟した段階で発信者情報開示請求権が認められる場合は開示命令を発令します。

提供命令

　新制度の目玉の1つが提供命令です。提供命令は、改正プロバイダ責任制限法によってはじめて導入されました。これまで、コンテンツプロバイダ及びアクセスプロバイダに対する請求は、仮処分と本案訴訟という、少なくとも2つの法的手続を経なければ発信者の特定に至りませんでした。このコンテンツプロバイダ介在型の発信者特定の手続の場合、原則2つ必要になる手続を、1つの手続で簡易迅速に行うことを目指したのが提供命令の制度です。提供命令は、コンテンツプロバイダに対して発令されることになります。裁判所は、提供命令を発令できると判断した場合、コンテンツプロバイダに対して、保有している情報のうち法令の要件を満たす情報について申立人に提供し、さらにその後アクセスプロバイダに提供するように命じます。この提供命令を受けたコンテンツプロバイダは、申立人にアクセスプロバイダの情報を提供します。この情報提供を受けた申立人は、アクセスプロバイダに対する発信者情報

開示命令を新たに申し立てます。新たなアクセスプロバイダに対する申立ての報告を受けたコンテンツプロバイダは、アクセスプロバイダが開示すべき情報を特定するのに必要な情報を、アクセスプロバイダに提供します。申立人は、従来のコンテンツプロバイダに対する開示命令は取り下げるか、維持する場合は新たなアクセスプロバイダに対する開示命令申立手続とすでに申し立てていたコンテンツプロバイダに対する開示命令申立手続を併合して審理を進めることになります。

　このように、1つの開示命令手続で、コンテンツプロバイダに対する開示請求とアクセスプロバイダに対する開示請求を連続させることができる点で、提供命令は申立人の手続負担を減らすことが期待される制度として導入されました。

体験談1

新制度を約 1 年利用してみて

弁護士 12 年目　男性

現時点での新制度のメリット・デメリットの所感

　令和4年10月1日改正プロバイダ責任制限法が施行され、新制度が導入された比較的早い時期から、申立てを行ってきました。当初は手探りの部分もありましたが、旧制度の申立書などを流用して申立書を作り、申立てを行っていました。最初は、申立人側、相手方及び裁判所も手探りの状況でしたが、新制度施行からおよそ1年が経過して徐々に運用が固まって来た部分もあります。例えば、申立書の送付について東京地方裁判所保全部は、申立書の副本を裁判所から相手方に送付し、申立書に添付した書証の写しを申立人から相手方に直接郵送する扱いになってい

ます。本書執筆時点では、保全部においては裁判所からの申立書副本の郵送と期日の呼び出しに利用するレターパックに相手方の宛名まで記載したものを、申立人側で裁判所に提出するという運用が固まっています。しかし、制度開始当時はこの運用は固まっておらず、担当書記官によっても対応はまちまちでした。

　また、同じ東京地方裁判所でも知的財産権部は、レターパックの代わりに申立書副本送付に必要な料金額の郵券の納付を求められます。この運用も新制度開始当初は通常の訴訟と同様に定額の予納郵券を納める方式（電子納付も可能）もあり、徐々に現在の運用に固まったものと思われます。書証の写しについて、申立人が直接相手方に郵送する点は保全部も知的財産権部も共通していますが、できれば申立書の郵送方法も含めて、事務運用は統一してほしいとも思ってしまいます。

旧制度と同様の事務分掌となった新制度

　新制度は、東京地方裁判所においては仮処分の際の事務分掌に従い、知的財産権侵害については東京地方裁判所知的財産権部、それ以外の権利侵害は東京地方裁判所民事第9部（保全部）が審理を担当しています。現状、知財専門部、保全部ともに、仮処分のときと同様に双方出席の非訟事件手続期日を開いています。この双方出席の期日は、Teamsによるウェブ期日が指定されることが多くなっています。

　新制度は運用開始直後においてこそ申立件数が落ち着いていたものの、徐々に運用の様子見の時期を過ぎて申立てが殺到しました。特に大量の事件が申し立てられた保全部は件数の多さに対応に苦慮していた時期もあったようでした。しかし、その後、保全部は人員を増やしたり、書記官室に新制度専用の島をつくるなど新制度に対応できる体制づくりを進め、現在では順調に申立てを処理しているようです。ただし、発令の際には決定書に添付する目録を全て申立人側が準備するなど、新制度の順調な運用の陰には申立人側の相応の協力も必要です。なお、発令用の目

録は保全部において3部提出を求められていましたが本書執筆時点の間際に、1部の提出に運用が変更されたようです。

執行できない提供命令！？

　改正プロバイダ責任制限法が施行され、新制度が開始されました。これで、発信者の特定が早くなり、被害者の救済が迅速に行えると考えて、いそいそとコンテンツプロバイダに対する発信者情報開示命令と、提供命令をあわせて申し立てました。審理も無事進行し、裁判所は提供命令発令の心証を持ったようで程なく提供命令が発令されました。

　これによりコンテンツプロバイダから情報が提供され、アクセスプロバイダに対する開示命令に進めると思った矢先、延々と情報が提供されないという予想外の状況に置かれました。

　最初にコンテンツプロバイダの代理人に提供命令に沿った情報の提供を任意でお願いしたのですが、なかなか情報が提供されません。痺れを切らして裁判所に、発信者情報開示の場合の一般的な執行方法である間接強制申立てを検討していることを相談しました。しかし、裁判所からは驚きの情報が伝えられました。提供命令は、基本的に執行文を付与できないというのです。つまり、コンテンツプロバイダに対して発令される提供命令は、コンテンツプロバイダの情報保有状況により提供すべき情報、つまり履行すべき義務の内容が異なるため、執行文を付すことができないということでした。

　そうすると、せっかく提供命令が発令されても、これに従うかはコンテンツプロバイダ次第となってしまいます。なぜなら、コンテンツプロバイダは提供命令に従わなかったとしても、なんのお咎めも制裁もないのですから。これでは、提供命令による一回的解決も画餅になってしまいます。執行の点まで想定して制度を設計してほしかったところです……。

結局使わない方がよいケースもある提供命令

このように、新制度の目玉とされた提供命令はコンテンツプロバイダが任意で従わない限り実効性がない命令となってしまいました。命令にもかかわらず任意の履行に委ねられているとはどういうことでしょう！？

加えて、コンテンツプロバイダに対して提供命令と発信者情報開示命令は通常あわせて申立てを行います。つまり、提供命令の発令によってアクセスプロバイダに対する手続を進めることはできますが、コンテンツプロバイダからアクセスプロバイダに提供された情報の中身は申立人に開示されないということです。そのため、コンテンツプロバイダからアクセスプロバイダに提供された情報の内容を申立人が知るためには、提供命令を申し立てるとともに、コンテンツプロバイダを相手方とした発信者情報開示命令をあわせて申し立てておく必要があります。

しかし、コンテンツプロバイダが申立人に対する提供命令に従わない場合、アクセスプロバイダに対する手続は当然開始できないとともに、コンテンツプロバイダに対する発信者情報開示命令も停滞してしまうことがあります。加えて、コンテンツプロバイダに対する発信者情報開示命令を発令してもらうと、事件は終件となり、提供命令は履行されないまま失効してしまいます。執行できないために、失効させてしまうしかないという、冗談のような提供命令の制度設計に絶句しました。

コンテンツプロバイダの対応方針によっては、真剣に提供命令は申し立てない方針を原則とすべき場合もあります。

新制度と旧制度の併用

加えて、コンテンツプロバイダに対して発信者情報開示命令が発令されても、コンテンツプロバイダが従わない例がありました。そこで、仕方なく間接強制を申し立てるにしても、新制度である発信者情報開示命

令については、1か月待って開示命令を確定させる必要があります（プロバイダ責任制限法 14 条 5 項）。これに対して、旧制度で利用されていた仮処分は、発令後時間を置かずに間接強制を申し立てることができます。反対に仮処分の執行は発令後 2 週間以内という時間制限がある（民事保全法 43 条 2 項）ので注意が必要です。このように、間接強制まで含めて考えると、旧制度下の仮処分を利用した方がスムーズという考え方もできます。

　ただし、仮処分のネックは電話番号やメールアドレスを開示できない点でした。この点、新制度の開示命令では、仮処分のようなスピード感で電話番号やメールアドレスまで開示されるというメリットがあります。加えて、仮処分は暫定的な判断であるのに対して、開示命令は 1 か月経過すれば確定判決と同一の効力を持ってしまう点でも有利です。つまり、本案訴訟の結果によっては違法となりかねない仮処分に基づいて間接強制をかけるより、確定判決と同一の効力を有するに至った開示命令に基づいて間接強制をかける方が後々のことを考えると安心という考え方もできます。

　ただし、電話番号やメールアドレスの開示については、発信者情報開示仮処分に電話番号とメールアドレスの消去禁止仮処分をあわせて申し立てることで相手方プロバイダの答弁などから事実上情報保有の有無を確認してから開示請求するか検討する方法もあります。また、アクセスログの開示を急がなければ特定が確実にできないにもかかわらずコンテンツプロバイダが非常に開示が遅い場合や、開示命令に従わない可能性が高い場合など、限られたケースでは、確かに仮処分によって生じる間接強制までの 1 か月程度の期間短縮が重要になるケースも考えられます。その意味で、新制度と旧制度のどちらを利用するかは事案やかけられる費用、労力によってケースバイケースの面があり、今後も試行錯誤が続くでしょう。

発信者運営型のサイトの場合など
新制度が活きる場面も

　以上、いろいろと運用上の問題が出てきている新制度ですが、発信者運営型のサイトの場合などは、仮処分のスピード感で氏名、住所及び電話番号などの発信者特定のコアな情報を開示できるなど新制度も状況によっては非常に有用です。

　例えば、コンテンツプロバイダに対する開示は旧制度で行い、アクセスプロバイダに対する開示は新制度で行うなど旧制度と新制度の利点をうまく組み合わせることで開示の効率を上げることもできそうです。

　加えて、コンテンツプロバイダの多くを占める主要 SNS において電話認証が奨励されている関係から、電話番号の保有率が上がっているため、電話番号の開示から特定に至るケースが増えています。このことは、コンテンツプロバイダに対する新制度利用の有効性を高めているように思われます。また、新制度も実際の運用によって出てきている諸所の問題点が今後改善されることも期待できるところです。新制度自体は長所も多くあり、積極的に利用するべきではないかと思われます。もちろん出来が良くない点もありますが、そもそもの開示制度自体の出来の悪さを劇的に改善するには至らなかったというのが実際の評価ではないかと感じています。その辺りは今後の改善に期待したいところでもあります。

165

アクセスプロバイダ代理人から見た新制度

弁護士 8 年目　男性

新制度の所感

　令和 4 年 10 月 1 日に施行された改正プロバイダ責任制限法によって、発信者情報開示命令と呼ばれる非訟事件手続が新たに導入されました。

　この手続により申立てを行う場合、発信者情報消去禁止仮処分命令申立＋発信者情報開示請求訴訟（本訴）という従前の手続で進める場合に比べ、発信者情報開が開示に至るまでの期間が大きく短縮されました。比較的単純な名誉毀損、侮辱、プライバシー侵害の事案であれば、アクセスプロバイダに対する発信者情報開示命令申立がなされてから、1〜2 か月程度の期間で、アクセスプロバイダに対する開示命令が出されることが多いように思われ、単純な事案においては、十分有用性を発揮する制度であるという所感を持っています。

新制度で大きく変わったこと

　アクセスプロバイダの代理人としては、粛々と、通信を特定し、意見照会を行い、反論書面を提出するという対応を行いますが、従前の手続と異なる点を挙げるとすれば、開示命令の決定の内容が非常にシンプルになったことでしょうか。

　従前の手続、すなわち、発信者情報の消去禁止仮処分命令申立を行い、消去禁止決定を得たうえで、発信者情報開示請求訴訟（本訴）を提起し、開示判決を得るという流れの場合、本訴の判決においては、当然ながら、

判決の中で詳細に請求を認める理由（ないし認めない理由）が記載されていました。他方、開示命令の決定においては、本書執筆時点では、理由の要旨が決定書に示されるという運用になっており、開示を認める（ないし認めない）理由が非常に簡潔にしか記載されないことになっています。開示命令が出される場合であっても、例えば事実摘示型の名誉毀損事案では、決定において「○○という投稿は、△△という事実を摘示するものであると認めるのが相当であり、申立人の社会的な評価を低下させるものというべきである」という程度のことしか記載されません。

　また、裁判所が権利侵害の明白性がないと考える投稿については、本書執筆時点の運用では、期日の中で裁判所から取下げを促されるケースが多く、申立代理人もそれに従って一部取下げをすることが多いため、開示が認められない理由が決定の中に出てこないという点も従前の手続との大きな違いに思われます。

　このように、決定の中で詳細な理由が示されない結果、今後、事例の共有・蓄積が難しくなったことは否めません。この決定の内容の簡素化が、開示命令が出されるまでの期間短縮に大きく貢献している面もあるため、今後も、この運用が続いていくのではないかと推察されますが、事例の共有・蓄積が図れないという点は、申立人・相手方双方にとっての今後の課題になると思われます。

ワンポイントアドバイス

　改正されたプロバイダ責任制限法によって定められた新しい発信者情報開示のための手続がはじまり、本書執筆時点で約1年が経過しましたが、新しい発信者情報開示命令と呼ばれる裁判手続には、まだまだ課題も多いようです。手続の迅速化を企図して設けられた制度ですから、より使いやすいよう、制度の運用改善を図ってほしいものです。

　体験談では、現時点における問題点や注意点を、実際の経験を交えて

解説しました。

▸ **損害賠償**
過度な期待はご用心

——名誉毀損の慰謝料金額は交通事故と異なり、一定の基準がなく、低額となる可能性がある。また、調査費用としての弁護士費用の請求についても必ずしも認められているわけではない。

慰謝料の相場

投稿者に対して不法行為に基づく損害賠償請求として求めるのは、慰謝料になります。

投稿によって、売上げが減少した等といった逸失利益の主張をしたいとの相談もありますが、裁判上においては、因果関係の立証が困難であるため、認められていません。

慰謝料の相場として、数十万円から百万程度といわれています。数百万円といった高額の賠償額が認められた事案もありますが、例外的な事案であり、基本的には上記の範囲内の金額となり得ることを依頼者に説明することが重要です。

多額の金額を請求したにもかかわらず、任用された金額が少額となった際のデメリットも考慮する必要があります。裁判は原則として公開で

行われるものであり、書面は相手方にも送られ、裁判記録は申請すれば第三者でも閲覧することが可能です。そうすると、主張の内容等がネット上で拡散され、新たな炎上の火種となってしまう可能性があります。認容金額が低額となってしまうことに加えて、新たな炎上トラブルが発生することは依頼者としても避けるべきですので、弁護士として、慰謝料の金額の見通しだけではなく、損害賠償請求を行うことによって発生し得るリスクについても説明すべきです。

調査費用としての弁護士費用

　慰謝料の金額が低額であることから弁護士費用を投稿者に請求できるかという問題があります。

　この点について、裁判例では、「インターネット上の掲示板への匿名の書き込みによる名誉毀損がされた場合に、その発信者を特定するための調査には、一般に発信者情報開示請求の方法を取る必要があるところ、この手続で有効に発信者情報を取得するためには、短期間のうちに必要な保全処分を行った上で適切に訴訟を行うなどの専門的知識が必要であり、そのような専門的知識のない被害者自身でこの手続を全て行うことは通常困難である。そうすると、被害者が発信者を特定する調査のため、発信者情報開示請求の代理を弁護士に委任し、その費用を支払った場合には、社会通念上相当な範囲内で、それを名誉毀損と相当因果関係のある損害と認めるのが相当である」と判断され（東京高判平成27年5月27日平成27年（ネ）1179号等〔28283588〕）、直近の裁判例においても、「インターネット上の電子掲示板に掲載された匿名の投稿によって名誉等を毀損された者としては、発信者情報の開示を得なければ、名誉等毀損の加害者を特定して損害賠償等の請求をすることができないのであるから、発信者情報開示請求訴訟の弁護士報酬は、その加害者に対して民事上の損害賠償請求をするために必要不可欠の費用であり、通常の損害賠償請求訴訟の弁護士費用とは異なり、特段の事情のない限り、その全

額を名誉等毀損の不法行為と相当因果関係のある損害と認めるのが相当である。そして、本件における発信者情報開示請求訴訟の弁護士報酬が不相当に高額であることを認めるに足りる証拠はなく、他にその一部について相当因果関係を否定すべき特段の事情の存在はうかがわれない。」と判断しています（東京高判令和2年1月23日判タ1490号109頁〔28300010〕）。

　また、対象となる不法行為との相当因果関係が認められることが重要となり、弁護士費用の請求の仕方に注意する必要があります。損害賠償請求訴訟において、証拠として、委任契約書、請求書を提出することになりますので、具体的にどの作業に費用がいくら発生したのかを明確にしておくことによって、因果関係の立証につながります。

体験談 1

調査費用はどこまで請求できる？

弁護士7年目　男性

　発信者情報開示請求後、発信者を特定できた場合、弁護士費用も請求してほしいという相談はよくあります。

　実際に裁判例をみると、全額請求することができるという裁判例もありますが、相当因果関係がある範囲のみで認めた裁判例もあります。

　実際にどのように請求をするか、直近の裁判例を調査したうえで、裁判官がどのような判断をするのかを想定し、依頼者に説明する必要があります。以下では、私が裁判例を検索したうえで、担当したケースをもとに記述します。

　私が担当したケースは、顧問先の会社からの依頼で転職サイトに虚偽の事実が記載されており、その発信者を特定するために発信者情報開示請求を行った後に発信者に対して、特定にかかった調査費用も含めて損

害賠償請求をしたというものです。

認めている判例

　調査費用に関する裁判例の多くは、東京高判令和 2 年 1 月 23 日判タ 1490 号 109 頁〔28300010〕の裁判例をベースにしているものと考えられます。

　東京地判令和 3 年 3 月 16 日判タ 1490 号 216 頁〔28291369〕は、「これらの調査費用は、発信者情報開示請求の裁判の認容判決に基づき、本件記事を匿名で投稿した発信者の氏名・名称、住所及びメールアドレスの開示を受けるために必要なものであり、上記裁判に要した弁護士費用は委任事務の内容や報酬金額に照らして相当であって、前記 (2) で説示した本件訴訟の弁護士費用と重なるものではないから、その全額について本件投稿行為と相当因果関係のある損害と認められる。」と判示し、損害賠償請求の弁護士費用と開示請求の弁護士費用全額のいずれも認めています。開示請求の弁護士費用については全額認めています。

否定している類似事案

　それに対して、東京地判令和 4 年 9 月 21 日令和 4 年（ワ）2425 号公刊物未登載〔29074684〕、大阪地判令和 5 年 3 月 16 日裁判所ウェブサイト掲載判例〔28310787〕は、「被告らが指摘するような原告がインターネット上の誹謗中傷対策業務を行っていることや、本件サイトの管理者に連絡をすれば本件各投稿を削除できる可能性があったこと（前記認定事実 (6) イ）等をも踏まえ、原告が前記各手続のために支出した費用のうち一定額を、本件各投稿行為と相当因果関係を有する損害と認めるのが相当であり、前記各手続の難易度及び専門性や本件において認められる前記無形損害の額その他の事情に照らし、本件各投稿行為と相当因

果関係のある調査費用は5万円と認める」と判示し、一部しか認めていません。

この裁判例において、調査費用を限定する理由となっている「本件サイトの管理者に連絡をすれば本件各投稿を削除できる可能性があったこと」については、匿名の投稿者を特定する手続を適切に行うためには、専門的知識のみならず、迅速な対応が必要になるのであって、本件サイトの管理者が、結果として、弁護士による任意交渉に応じたからといって、弁護士に手続を依頼する必要性がなかったことになるわけではありません。被控訴人の指摘する事情は、本件調査費用の必要性ないし相当性を否定すべき事由には当たらない。と任意で削除に応じたという事情があったとしても、調査費用を認めている裁判例（東京高判令和3年5月26日令和2年（ネ）4412号公刊物未登載〔28292691〕）もあります。

この点については、個別のケースによって判断が分かれている状況ですので、私のケースでは、損害賠償請求時にはサイトが削除に応じてくれていなかったので、依頼者には、一定額しか認められない可能性があることを説明しつつ、発信者情報開示請求の弁護士費用の全額を調査費用として請求しました。

ワンポイントアドバイス

本章の体験談にあるとおり、弁護士費用を調査費用として相手方に対し請求できるかについては、現時点で判例が確立しておらず、当たった裁判官次第という側面があることは否めません。それでも認容される可能性がある以上は、裁判例の判示に照らして、少しでも弁護士費用を相手方から回収できるよう、あらかじめ依頼者との間の委任契約の内容を適宜にデザインしておく必要があります。損害賠償の本体部分ともいうべき精神的損害に対する慰謝料が伸び悩む傾向があることも考慮すると、依頼者のために取れるお金はかき集めてでも取るように尽くすべきです。

▶ **訴訟記録からの身バレに
ご用心**

——インターネットトラブルに端を発する発信者情報開示においては、
申立人の氏名や住所を知られることにより新たな被害を生んでしまう可
能性があります。また、芸能人や VTuber 等が申立人になる場合には秘
匿制度が有用です。

秘匿の対象となる事項と効果

　秘匿制度は、もともと DV 等の加害者や暴力団員を被告とする訴訟や、
性犯罪に関する訴訟を念頭に置き、制定された制度です。

　被害者の住所や氏名等が被告に知られると、身体・財産への加害行為
がなされるおそれがあり、性犯罪の被害者にとっては、氏名自体が、加
害者との関係においてプライバシーに関わる情報として法的保護の対象
となり得るだけでなく、「私生活についての重要な秘密」（民事訴訟法
92 条 1 項 1 号）に準ずるものであり、氏名を加害者に知られることで
直接的に被害者の社会生活が破壊されることもあるという点から、住所
や氏名等の秘匿ができるとされています。

　それゆえ、住所や氏名にとどまらず、申立人等の①「住所、居所その

他その通常所在する場所の全部または一部」と、②「氏名その他当該者を特定するに足りる事項」（以下「氏名等」という）についても秘匿が可能になります。

　秘匿決定の申立てがあると、その申立てについての裁判が確定するまで、当該申立てに関わる秘匿対象者以外は、秘匿事項届出書面について閲覧等の請求をすることはできません（同法133条3項）。しかし、秘匿決定が却下または後に取り消されてしまった場合は、他の当事者の観覧請求の対象となるため、注意が必要です。

秘匿の要件と申立て方法

　秘匿決定の申立てが認められるためには、申立人等の住所等の全部または一部が当事者に知られることによって「当該申立て等をする者又は当該決定代理人が社会生活を営むのに著しい支障を生ずるおそれがあること」が必要であり、申立人等はそれを疎明する必要があります。

　「支障」というのは、身体・財産への加害行為や畏怖・困惑させる行為がなされるおそれや、申立人等と「親族」等の関係性によっては、住所公開による親族等に対してかかるおそれも含まれています。秘匿決定の申立ては、裁判所に対して書面で、「秘匿事項その他最高裁判所規則で定める事項」を秘匿対象者の記名押印がある状態で届出なければなりません（民事訴訟規則52条の9第1号、民事訴訟法133条2項、民事訴訟規則52条の10第1号）。

　また、この書面の取扱いには特別の慎重さが求められるため、ファクシミリ送信による提出は許されていません（民事訴訟規則3条1項2号）。申立てと同時に秘匿決定の申立てをする際、裁判所が事務連絡等をするうえで支障が生じないようにファクシミリ含む郵便番号・電話番号等が秘匿事項届出書面の必要的記載事項となっていますが、電話等を所持していない場合、電話番号等を記載しなかったからといって秘匿申立てが不適法になるわけではありません。電話等（特にファクシミリ番号を保

有していないケース）の不保有については、上申書による報告で足ります。そして秘匿対象者本人の確認と秘匿事項届出書面の内容の正確性を期するために、代理人が当事者を代理して同人を秘匿対象者とする秘匿事項届出書面を作成し裁判所に届ける場合でも、必ず秘匿対象者本人の記名押印が必要とされています（民事訴訟規則52条の10第1号）。

秘匿対象事件の注意点

　秘匿制度を用いる事件の場合、申立書の内容や陳述書の内容に注意する必要があります。秘匿決定によって住所や氏名等が秘匿されていても、申立書や陳述書の内容に住所や氏名を推知させる内容（住所の近くの地名や、申立人の親戚の名前）が記載されていた場合は秘匿制度を用いる意味がなくなってしまいます。このような内容を記載せざるを得ない場合は、別途で、秘匿事項記載部分について閲覧制限を申し立てることが必要になります。

体験談1

秘匿範囲の漏れに注意！

弁護士5年目　男性

訴訟提起したいけれど……

　インターネット投稿トラブルの事件に限らず、相手方に住所等の個人情報を知られないようにしてほしい旨を希望する依頼者は多くいます。
　私が初めて住所・氏名等の秘匿制度を利用した事件は、元交際相手か

らSNS上において誹謗中傷を受けた依頼者の事件でした。依頼者は、元交際相手に対し交際の解消を申し入れたところ、別れを告げられたことに腹を立てた元交際相手がSNS上において「○○（依頼者）は元ヤクザだ」などの誹謗中傷に該当する投稿をしました。依頼者は、元交際相手に対し、投稿をしたことに対する社会的制裁を与えることを希望しました。そこで私は、元交際相手に対する名誉毀損を理由とする損害賠償請求事件として受任しました。

　私はさっそく、元交際相手に対し、金銭的解決を図る裁判外の交渉を試みましたが、元交際相手は「解決金を支払う義務はないし、お金もないから無理だ」と述べ、裁判外の交渉を拒否しました。

　そのため私は、依頼者に対し、元交際相手に対する訴訟提起を提案しました。しかし、依頼者が「訴状には住所を記載しなければならないですよね？　今の住所が元交際相手にバレてしまうことが不安です」と述べ、訴訟提起をすることに躊躇してしまいました。

住所・氏名等秘匿制度の利用

　これまでの実務では、依頼者の現住所を秘匿した場合、実際には居住していない便宜的な住所（前住所、代理人弁護士の事務所など）を記載する運用がありましたが、強制執行ができなくおそれがある点や、裁判所によっては当該運用を認められない場合があり、活用しやすいものではありませんでした。

　そこで、私は、令和5年2月20日より開始された住所・氏名等秘匿制度の利用を検討し、訴状とあわせて秘匿決定申立書を提出することにしました。

裁判所からの連絡

　裁判所に訴状等を提出してから1週間程度経過した後、裁判所書記官から私宛に連絡がありました。

　裁判所書記官より「秘匿決定申立書に関して確認させていただきたい点がございます。訴状の住所を秘匿希望することはわかったのですが、書証として提出していただいている陳述書にも原告（依頼者）の住所が記載されておりますので、こちらも秘匿希望ということでよろしいでしょうか？」と訊かれたので、「秘匿範囲に漏れがございました……。ご指摘いただきありがとうございます。よろしくお願いします」と回答しました。

　訴状の記載には注意を払っていたのですが、書証の中に住所の記載があることを見落としていました。住所等の情報は一度相手方に知られてしまうと取り返しのつかないものであるため、ヒヤリハットの体験でした。

秘匿やマスキングで気を付けたいこと

　上記事件では問題にはなりませんでしたが、その他秘匿を申し立てる場合に注意しなければならないものとして戸籍が挙げられます。戸籍には、住所等の記載だけではなくその住所地の市町村章の記載もあるため、市町村章から依頼者の住所地がある程度推知されてしまうおそれもあります。

　どの範囲で秘匿やマスキングの措置が認められるか否かは裁判所の判断次第ではありますが、弁護士として秘匿決定申立てやマスキングをする場合には、訴状や準備書面、書証の隅々まで確認し、秘匿したい情報が推知されてしまうおそれのある情報が記載されていないかを慎重に検討しなければならないといえるでしょう。

住所・氏名等秘匿制度を利用した感想

　住所・氏名等秘匿制度の運用が開始されてからまだ日が浅く、利用回数も数回程度ですが、私個人の感想としては、従前から行われていた便宜的な住所を記載する運用と比較すると、住所・氏名等秘匿制度は利用しやすいと感じています。

　秘匿決定申立理由も立証まで求められるものではなく、事件の概要や依頼者の心情などを具体的に記載し、秘匿を希望する理由を明確にすれば、裁判所はある程度柔軟に対応を検討してくれている印象です。

　私としては、今後も、依頼者の意向を確認して必要があると判断した場合には、住所・氏名等秘匿制度を積極的に利用したいと考えています。

体験談 2

VTuber 案件における秘匿制度

弁護士 1 年目　男性

VTuber 案件の特性

　VTuber として活動するクリエイターは、顔を出さずに活動しています。VTuber 業界では、「中の人」の特定はタブーとされています。また、事務所に所属せず、個人で活動している VTuber も多いという実情があります。しかし、VTuber の中には一定数、前世（VTuber になる前に行っていた活動）において顔出しで活動していたクリエイターも存在し、この顔出し時代の前世と現在の活動名を結び付けられることで、個人情報が流出してしまうおそれがあります。

　インターネット上では、「VTuber の前世」について多くのまとめ記

事が作成されており、VTuber の個人情報はリスナーにとって大きな関心事になっています。このような特定行為は男性・女性などの性別にかかわらず危険ですが、特に女性の場合、情報特定がそのまま引退へとつながってしまいかねません。

このような案件の性質や、個々の事案の性質を考慮すれば、VTuber に関する事件に対応する場合には可能な限り、住所及び氏名の双方について秘匿決定申立てを行うことが重要だと感じています。

住所と氏名の両方の秘匿について

制度上、「住所」と「氏名」の両方を秘匿事項として秘匿申立てをすることは可能です。しかし、住所のみならず氏名もあわせて秘匿決定を得るためにはそれなりのハードルがあります。

VTuber が申立人になる事件に対応した際、依頼者の要望により、住所と氏名の両方を秘匿事項として秘匿決定申立てを行いました。しかし、裁判官から「住所に加えて、氏名の秘匿をする必要性に関する主張補充」を行うように指示がなされました。そこで、上申書という形で以下の内容について主張の補充を行ったところ、無事に住所及び氏名の両方について秘匿決定が発令されました。

まず、申立人が著名であることについて詳細な説明を行いました。VTuber である申立人の各媒体のチャンネル登録者数について、ランキング形式で記載されているウェブページを証拠として提出しました。裁判官に確認したところ、このような非公式のウェブページであっても問題ないとのことでした。

また、申立人が所属する事務所において過去生じた、ストーカートラブルの存在もあわせて主張しました。

秘匿決定に至るまでの必要性について、どの程度の主張が求められるかについては裁判官によって異なるところです。現に、氏名、住所の双方を秘匿対象とした場合も、補充説明を求められることなく決定が出た

ケースも複数ありました。

　この事件での対応が全ての事件一般に通用するものではありませんが、上記のような対応をすることで、多くのケースで秘匿決定が認められている印象です。

裁判所が重視するポイント

　住所及び氏名の双方を対象とする秘匿決定の申立てに際して、裁判所から以下の内容の主張補充を求められました。今後は、以下の内容を秘匿対象事件対応の指針としていきたいと考えています。

① 　本件において、申立人の住所または氏名が基本事件の相手方に知られることにより、これを投稿者に知られてしまうことになる具体的事情
② 　以下の(ア)〜(ウ)等の個別的事情を踏まえて、本件において申立人の氏名または住所を知った投稿者が及ぶと考えられる加害行為の具体的内容及びその理由
　(ア) 　申立人の地位、属性、認知度、活動の内容及び範囲、申立人に関する投稿記事の状況等に基づく、申立人の住所及び氏名に対する一般的な関心の高さ
　(イ) 　本件記事及び申立人に関する他の投稿記事の状況等に基づく、申立人に強く関心を持ち執着する者等の存在
　(ウ) 　本件記事またはその他の投稿記事等から想定される本件記事の投稿者の属性や行動様式
③ 　上記②の加害行為により申立人が社会生活を営むのに著しい支障を生ずることについての具体的事情

181

判決文が裁判例検索システムに
掲載されることのリスク

弁護士 3 年目　女性

判決文がツイートで拡散される！？

　ある日、すでに解決済みだと思っていた事件について、依頼者から連絡がありました。以前依頼を受けた、とある SNS 上の投稿に関して、訴訟上で発信者情報の開示及び削除を求め、無事に認められた件について、新たに問題が起こったというのです。

　「先生、大変です！　この前、削除と開示をお願いした投稿に関して、また SNS で話題になってるんです。困ります、どうしましょう？」

　はて、どういうことか？　と思って詳しく事情を聞いてみると、次のようなことが起こっていました。

　無事に勝訴判決を得てしばらくして、開示及び削除請求を行った訴訟の判決文が裁判例として、裁判所が運営する裁判例検索システムに掲載されたのです。すると、その裁判例について、第三者が揶揄するように情報を SNS で拡散し始めたとのことでした。

　もちろん、開示及び削除の対象となった投稿がそのまま判決文に引用されているわけではありません。しかし、依頼者としては、依頼者の法人名が記載されていること及び問題の投稿がおおよそどのようなものであったか自体を、わざわざインターネット上で公開してほしくないということでした。実際に揶揄するような第三者の投稿も見受けられ、実害が発生していることもあり、急ぎ対応を検討することになりました。

どこに何を求めるべきか

　問題の訴訟は、残念ながら民事訴訟法 92 条 1 項に基づく閲覧等制限の要件を満たすような類型ではなく、その方法をとることは難しいと思われました。しかし、そこで諦めるわけにはいきません。

　そもそも、裁判例検索システムは公開の判決文の掲載であり、裁判所が裁量を持って運営するシステムです。そのため、まずは裁判所に対応を求める問い合わせを行いました。

　いくつか部署をたらい回しにされつつも、無事に担当部署に行きつき、あらためて事情を説明して対応を求めたところ、上申書を提出すれば、内部で検討すること自体は可能であるとの回答を得ました。ただし、上申書自体は類型的なものではないため、自身で必要と思われる内容を記載してくださいとのことでした。

果たして判決文に明記すべき情報なのか

　さて、裁判所に提出する上申書を作成することになった私は、まずはゴールの確認を行いました。この場合、裁判例検索システム上で公開される判決文で、①原告である依頼者の法人名を匿名処理してもらうこと、②問題となった投稿の内容が抽象的にも明らかとならないようにマスキング処理をしてもらうことの二点がゴールとなります。

　そして、上申書の内容としては「必要性及び相当性」を意識しました。つまり、インターネット上で簡易に拡散されることにより発生する、原告に対する新たな権利侵害を差し止める必要性がある一方で、匿名及びマスキング処理によっても判例価値を損なわない相当な公開方法があることをポイントとして記載しました。加えて、実際に匿名及びマスキング処理をどこに施すべきかという PDF も資料として添付しました。マスキング処理をしても、判決文として必要な情報は全て記載することが可能であると示したのです。幸いなことに、この訴訟では投稿の内容は

183

判断の要とはならないものであったため、そうした主張がしやすかったのです。

　その結果、無事に裁判所により公開の判決文に対して匿名及びマスキング処理が行われ、依頼者はひと安心し、この件は無事解決しました。

依頼者のレピュテーションリスクを意識する

　インターネット上での公開というのは、第三者による閲覧及びSNS上での拡散を非常に容易にする行為です。確かに判決文というのは、誰でも閲覧することが可能な文書ですが、わざわざ裁判所に足を運んで自らの氏名を記載してまで閲覧申請をすることと、インターネット上で簡単に閲覧することでは、その行為のハードルは大きく異なります。

　そして、その判決文の拡散により、せっかく解決したと安心していた依頼者の平穏が再び脅かされることもあるのです。あらためて、インターネットの利便性の裏側にあるリスクに気づかされた事件でした。

　なかなか事前にこうしたリスクの全てに手当てするのは困難ですが、起こってしまった場合は、少しでも被害が拡散しないように、迅速に対応することが重要だと思います。

ワンポイントアドバイス

　著名人やVTuberなどが依頼者の場合や個人情報を秘匿する必要性が高い事案では、住所、氏名等の秘匿制度の利用を検討する必要があります。同申し立てを行う際、まずは訴訟資料全体を確認し、秘匿範囲に漏れがないかを入念に検討しましょう。また、氏名の秘匿については、住所の秘匿と比較してハードルが高いため、その必要性について十分な主張と根拠資料が求められます。

　なお、取得した判決文が裁判所の判例検索システムに掲載された後に、判決文に記載された法人名等の不都合部分を匿名処理に変更できる場合があります。

185

▶ **あきらめきれない貴方へ**

——名誉毀損行為に対して、刑事告訴をするためには、どのような準備が必要なのか。また、実際に捜査機関は動いてくれるためにはどうすればいいのか。

名誉毀損罪は親告罪

インターネット上で行われた名誉毀損行為に対しては、刑事処罰を求めるために刑事告訴や被害届の提出といった手段が考えられます。

名誉毀損罪は、親告罪（刑法232条1項）に該当するため、告訴がなければ検察官は公訴を提起することができません。

刑事告訴をするメリット・デメリット

実際に告訴状を提出したとしても、捜査機関の事件処理には時間がかかるうえに起訴率は低いのが現状であるため、有効性に疑問があることがデメリットといえます。

しかしながら、刑事告訴をしたという事実を公表することによって他の侵害行為に対する抑制効果が期待できることはメリットといえます

（もっとも、逆に炎上が加速する可能性もあるため、公表するかは慎重に判断すべきです）。

告訴できる期間

親告罪は、告訴権者が「犯人を知つた日」から6か月以内に告訴しなければなりません（刑事訴訟法235条1項）。

判例は、「犯人を知つた日」とは、犯罪行為終了後の日を指すものであり、告訴権者が犯罪の継続中に犯人を知ったとしても、その日を親告罪における告訴の起算日とすることはできないとしているため（最二小決昭和45年12月17日刑集24巻13号1765頁〔27751215〕）、告訴が有効かどうかについては名誉毀損行為がいつ終了しているかが重要になります。

この点について、最高裁判例はありませんが、「名誉毀損罪は抽象的危険犯であるところ、関係証拠によると、原判示のとおり、被告人は、平成13年7月5日、C及びBの名誉を毀損する記事（以下、『本件記事』という。）をサーバーコンピュータに記憶・蔵置させ、不特定多数のインターネット利用者らに閲覧可能な状態を設定したものであり、これによって、両名の名誉に対する侵害の抽象的危険が発生し、本件名誉毀損罪は既遂に達したというべきであるが、その後、本件記事は、少なくとも平成15年6月末ころまで、サーバーコンピュータから削除されることなく、利用者の閲覧可能な状態に置かれたままであったもので、被害発生の抽象的危険が維持されていたといえるから、このような類型の名誉毀損罪においては、既遂に達した後も、未だ犯罪は終了せず、継続していると解される。」と判断した裁判例があります（大阪高判平成16年4月22日高裁刑集57巻2号1頁〔28105086〕）。

しかしながら、最高裁の判断が出ておらず、上記も事例判断であることから、加害者が特定された段階ですでに犯罪行為が終了していると判断される可能性がありますので、やはり、告訴権者が犯人を知った日か

ら6か月以内と考えておいた方がよいでしょう。

告訴の記載内容

　名誉毀損罪は、具体的な事実を挙げて被害者の名誉を毀損する犯罪であることから、告訴状にも具体的に記載する必要があり、名誉毀損に該当する行為については、長くなったとしても原文をそのまま記載することになります。

　また、社会的評価が低下したことを示すために告訴人の経歴や被告訴人との関係等について具体的に記載する必要があります。

体験談 1

告訴のお膳立ては丁寧に

弁護士8年目　女性

依頼者に対する見通しの説明

　刑事処罰を求める依頼者は、警察に告訴をすれば、警察が捜査をしてくれて逮捕、勾留、有罪となると考えている人もいますので、見通しの説明が重要です。

　ニュースでは、名誉毀損罪で逮捕されているケースもありますが、多くのケースは逮捕まではいかず、書類送検となる可能性が高いことを説明する必要があります。また、捜査機関が告訴を受理するまでに何回か警察に行ったりする必要があり、受理までに時間がかかることの説明もしておいた方がよいです。

　私が担当したケースは、相手方の損害賠償金の支払能力に不安があり、依頼者も刑事事件とすることを希望していたので、上記の点を説明したうえで受任しました。実際に事前相談、告訴状の受理までに2か月程度かかり、最終的に処分が出たのは、受理されてから10か月後くらいでした。

告訴の事前相談

　警察は、民事不介入の立場から刑事告訴を利用し、民事上の賠償を得ようとすることに拒絶反応がありますので、依頼者に対しては、民事上の賠償とは別に刑事上の処罰を求める意思が明確かを確認する必要があります。今回の場合警察署での事前相談の際に、警察官からはどうして民事ではなく刑事なのかという点と処罰感情について、依頼者に直接聞かれたので、事前に説明しておいた方がよいでしょう。

　依頼者と警察署に行く前に、電話で軽く内容と行く日を相談したのですが、警察官に「告訴状と資料についてはいったん預かることになると思うので、原本ではなく写しを持ってきてください」と言われました。そのため、資料については写しを持って、相談に行きました。相談する際には、捜査機関に説明しやすいように時系列表とそれに対応した形で資料をまとめて持参しました。

告訴状の作成と証拠収集

　私のケースでは、すでに仮処分が認められ、その後の発信者情報開示請求訴訟においても名誉毀損に該当することの判断は得ていました。そのため、告訴状においては、仮処分の決定正本や判決謄本の写しを証拠として添付しました。

　ただ、民事上で違法と認定されたことだけでは足りず、刑事処分を求

189

める必要性を告訴に至る経緯や事情において記載した方がよいです。その辺りについて、警察署に相談に行った際に、どうして刑事処分にこだわるのかといった点も聞かれ、本来的には捜査機関に告訴を受理する義務があるのですが、捜査を迅速に行ってもらうためにあらかじめ書面に記載しておいた方がよかったと思いました。

ワンポイントアドバイス

　不当な投稿をされて怒りに震えている依頼者は、様々な形での権利救済を求めてきます。ただ、投稿者が、どんな手続によって、不当な投稿をしたことを反省したり、権利侵害を是正したりするかは、投稿者次第のところもあります。

　発信者情報開示から損害賠償請求等に至る一連の民事手続だけでなく、依頼者の権利救済を図るチャンネルは、できるだけ拡げておくことが肝要です。本文では刑事手続のハードルの高さについて言及がありますが、インターネット上の投稿トラブル専用の行政窓口も設置されていますし、体験談にはありませんが、場合によっては、人権救済の最後の砦として、日弁連の人権救済申立てという手段もあります。

　依頼者のニーズに的確に応えるべく、様々な方法を頭に入れておきましょう。

□ 法務局人権擁護局の相談窓口

　民事上の請求、刑事事件化以外にもインターネット上の誹謗中傷に対する手段はあります。

　例えば、国の機関として人権擁護に取り組んでいる法務省人権擁護局、その地方支分部局である法務局、地方法務局及び支局と、法務大臣が委嘱する人権擁護委員とをあわせて、「法務省の人権擁護機関」と呼ばれる組織があります。

　その中に、インターネット上の誹謗中傷に関する相談窓口の案内が設置されています。

　解決事例として、「全国的に報道された刑事事件に関連して、当該事件とは無関係の被害者が当該事件の被疑者の関係者であるとする虚偽の情報とともに、被害者の氏名や画像がインターネット上のブログ、SNS、動画投稿サイトに掲載され、個人の名誉・信用等を毀損し、又はプライバシーが侵害されているという事例」に対して、「法務局で調査した結果、当該書き込みは被害者のプライバシーを侵害し、又は名誉・信用等を毀損するものと認められたため、法務局から当該サイト管理者等に対し削除要請を行ったところ、すべての画像及び書き込みが削除されるに至った。」との事例が報告されています。

　このケースは、削除を要請するサイト管理者等が判明しているケースであり、サイト管理者が不明である場合には必ずしも削除ができるものではありません。法務局の削除要請はあくまでも要請であるため、相手方が応じなかった場合は、裁判所に削除の仮処分命令の申立てをすることになります。

191

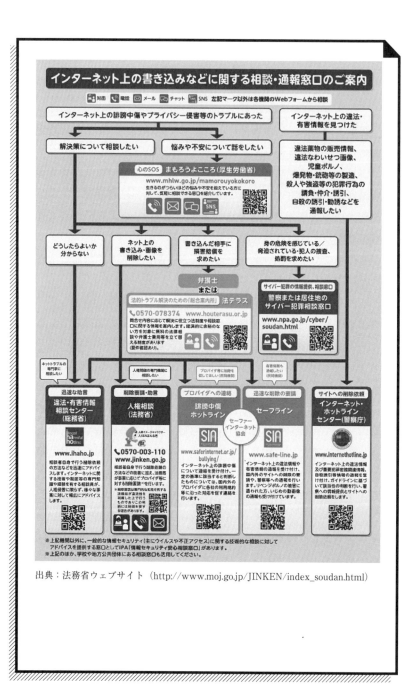

出典：法務省ウェブサイト（http://www.moj.go.jp/JINKEN/index_soudan.html）

▶ あわてず冷静な対応を

——プロバイダから照会が届いたときにどのように対応すればよいのか。
権利侵害の明白性が認められない場合とはどのような場合か。

権利侵害の明白性

　開示請求がされた場合でも、必ずしも請求が通るとは限りません。請
求が認められるためには、プロバイダ責任制限法5条の要件を充足する
必要があります。開示請求をされたとしても、プロバイダからの照会に
対して、要件を充足しないと考える根拠を伝えることで、請求が棄却さ
れることもあります。具体的には、プロバイダ責任制限法5条1項1号
の「……が明らかであるとき」という部分です。

　この文言があることによって、単に権利が侵害されているだけではな
く、権利侵害が明らかであることが求められています。その結果、名誉
権侵害があった場合、通常の訴訟では、名誉権侵害を正当化する事由は
発信者側にありますが、発信者情報開示請求においては、正当化事由が
ないことの証明責任が開示請求者の負担となっています。

権利侵害の明白性が認められない場合とは どのような場合か

　ある転職サイトへの書き込みの事案において、「本件掲示板への投稿につき、特定の具体的な事項を主張して事実を摘示したものであるか、それとも投稿者の主観的な感想を述べるに過ぎないものであったり、又は論評と評価すべきものであるかについては、慎重に検討するのが相当と言うべきである」と、事実の摘示と判断した部分についても全体として原告の社会的評価を低下させるほどの内容と評価することはできないと判示しました。加えて、違法性阻却事由の不存在をうかがわせる事情が存在しないとは認められないとして、結論として「権利が侵害されたことが明らかである」とは認められないとした事案があります（東京地判令和4年9月30日令和4年（ワ）10554号公刊物未登載〔29074658〕）。

　また、名誉感情の事案ではありますが、「名誉毀損にいうところの名誉に該当しなくとも、人が自己自身の人格的価値について有する主観的評価（名誉感情）も法的保護に値する利益であって、社会通念上許される限度を超える侮辱行為、すなわち、およそ誰であっても、そのような行為をされたならば到底容認することができないと感じる程度の著しい侵害行為であれば、人格権を侵害するものとして不法行為が成立する」とし、いずれの投稿も著しい侵害行為とは認められないと判示しています（東京地判令和4年9月30日令和4年（ワ）14999号公刊物未登載〔29074429〕）。

　その他にも判例検索をすれば、発信者情報開示請求を棄却している裁判例はありますので、発信者側の事件を受任し、開示を争う場合は事例を検索し、主張の参考にすべきでしょう。

投稿者側の対応

　発信者が業務中に名誉毀損に該当する投稿を行った場合、投稿者が勤

務する会社も損害賠償責任を負うことがあると定められています（民法715条1項）。

　被害者に対して支払う金額については、Method 17で詳細に記載していますが、高額になりにくいことを前提に交渉することになります。裁判となった場合に低額となる可能性を示しつつ、自社の従業員が迷惑をかけたことの謝罪と誠意を見せるために多少の上乗せした金額を提示することが多いでしょう。会社側としても、裁判で争うことにより弁護士費用等のコスト、裁判で予想される低額の金額提示による炎上リスクを考慮すれば、多少の増額をした金額を支払うという選択肢も合理的であると考えられます。

体験談 1

いきなり、会社に発信者情報開示請求の意見照会が届いた

弁護士7年目　男性

会社に意見照会書が届いた場合の初動

　顧問先の会社から、ある日、会社のパソコンの回線契約者である企業から発信者情報開示請求の意見照会が届いたが、どのように対応すればいいのかという相談がありました。

　特定の個人に対して、誹謗中傷となるコメントが投稿され、その投稿が会社のパソコンからされているとのことでした。

　会社の社長に確認したところ、開示請求者とは何らの関係はなく、会社が発信者情報開示請求に記載されている投稿をしたという事実はありませんでした。調査をした結果、従業員が業務外に社用パソコンを使用

195

して、投稿をしていたという事案でした。

従業員の特定をした後の対応

　まず、会社としては、本件の発信者情報開示請求における発信者ではないことを早期に請求者に伝える必要があります。

　そのためには、社内において、投稿をした従業員を特定する必要があり、社内にて調査をしたところ、投稿者である従業員が判明しました。従業員に投稿の内容を確認し、開示することに同意を得たうえで、意見照会書に真の投稿者は従業員であることとその従業員の氏名・住所を記載して、提出することにしました。

　その結果、請求者は会社には損害賠償請求をすることなく、従業員との間で賠償金額の交渉を行い、従業員が一定の金額を支払うことで事件は終了しました。

　また、このような投稿をした従業員に対して、会社として懲戒処分をすることを検討することもありますが、今回のケースでは、会社への影響その他を考慮して慎重に処分を検討することにしました。

仮に従業員の特定ができなかった場合

　私が担当した事件は、従業員を特定でき、企業への請求を回避できましたが、もし従業員の特定ができなかった場合は、どうすべきでしょうか。

　その場合は、発信者情報開示請求の意見照会書に、本件投稿を業務として行うことはない、自社の従業員が業務外に投稿した可能性があること等を記載することになるでしょう。

　発信者情報開示請求で開示される発信者情報は必ずしも、本件投稿を実際に行った発信者の情報ではありませんので、会社としては、誰が発

信者であるかの立証責任は請求者にあるという点を主張し、責任を負わないという主張をしていくことになります。

ワンポイントアドバイス

　ネット社会の負の側面というべきか、本章の体験談のように、従業員が業務外に社用 PC を使用して問題のある投稿を行うという事例は、かなり多いように思われます。会社側の対応については体験談にあるとおりですが、請求者側としても、このような事例はしばしば生じることを認識し、会社相手にはむやみに戦闘的にならず話合いの余地を探ることが、かえって早期解決への道を開くことになりそうです。

Method 21 | 報酬のとり方

▶ 費用説明は
いつも以上に慎重に！

──発信者情報開示請求においても、削除請求においても、事件を受任した段階では、依頼者の意向を達成するために必要な対応範囲は明確ではない。そのため、安易に「弁護士費用は○○万円になる見通しです」と伝えてしまうと、依頼者との間でトラブルに発展する恐れがある（または、費用の範囲に縛られて、弁護士自身の首を締めることも……）。

　弁護士費用などの説明は曖昧にするのではなく、発生し得る費用を明確にして、しっかり依頼者に伝えておくことが重要である。

一般的な報酬の設定方法

　インターネット投稿トラブルにおける弁護士費用は、一般的に、①投稿等の削除請求、②発信者情報開示請求、③その他（損害賠償請求や刑事告訴等）の３つの類型に分ける法律事務所が多いです。

　①投稿等の削除請求では、任意交渉・送信防止措置依頼（ガイドラインに基づく削除請求）・訴訟などの段階によって着手金・報酬金額を分ける法律事務所が多く、削除する投稿数の限度を設定するところもあります。

②発信者情報開示請求では、いくつかの法律事務所において、着手金の最低額を設定したうえで事件によって着手金の額を変える運用をするところがありました。

③その他（損害賠償請求や刑事告訴等）に関しては、法律事務所独自の報酬体系を設定しているところもあれば、（旧）日本弁護士連合会報酬基準に基づき算定しているところもあり、法律事務所によって多種多様な印象でした。

受任範囲と費用を明確にしよう

インターネット投稿トラブルは、受任段階では明確な見通しを説明することが難しい事件ですが、だからこそ、受任段階で、受任する範囲と費用を明確にすることが重要になります。例えば、依頼者の認識と弁護士の認識の不一致を避けるためには、削除請求の対象となる投稿のURLや該当箇所や該当画像を明記して特定し、当該投稿を削除するのにかかる着手金・報酬金を明確化することが重要です。

また、弁護士報酬を算定するうえでは、対象となる受任範囲を明確にすることも大切です。例えば、発信者情報開示請求のために必要な下位プロバイダへの開示請求であるとしても、依頼者の理解が不十分なまま手続を進めると、依頼者が想定していた以上の弁護士費用が発生してしまうケースもあります。

必要な対応でも、実際に対応する前に、どの投稿に対する何を行うための対応なのかをきちんと依頼者に説明し、「最初にしっかり教えてほしかった」などと依頼者からいわれてしまわないように注意しましょう。

199

賠償を見据えた弁護士費用の定め方

弁護士 7 年目　男性

旧日弁連報酬基準は……

　弁護士報酬が自由化されて久しいですが、とはいえ、いまだに旧日弁連報酬基準を利用している、または同じ枠組み（考え方）で金額や乗じる率を少しだけ変更して、報酬基準を設定している事務所が多いのではないでしょうか。

　削除請求や開示請求は、旧日弁連報酬基準が存続していた時期にはまだ事件類型として定着していなかったため、残念ながら、この基準をいくら探せど、見当たらないのです。

　そのため、削除請求や開示請求を受任する弁護士の間では、「弁護士報酬をいくらにしようか……」という悩みがつきません。

　旧日弁連報酬基準に何とか即して報酬を決めようとすると、「経済的利益が算定不能の場合、800 万円を経済的利益とする」条項を使わざるを得ません。

　この経済的利益に基づいて着手金を計算すると、53 万 9,000 円（税込み）となります。

　【計算】800 万円×5% ＋9 万円＋税＝53 万 9,000 円

　これだと、どうも高額過ぎないかという感覚がよぎってしまいますし、実際、この値段にするのであれば、弁護士に削除請求や開示請求を依頼するハードルは、かなり高くなってしまいます。

　そのため、別途「削除請求」や「開示請求」という事件類型については、新たな基準を設けて、書き込みの件数、手続の段階などにあわせた報酬を設定している事務所が増えてきています。

　裁判手続を用いた開示請求で、相手方を特定するまでの費用感としては、40万円〜80万円程度（もちろん事情によるので、当てはまらない場合も多くありますが）になっている印象です。

名誉毀損や人格権侵害に基づく賠償額

　発信者情報開示請求の裁判手続（仮処分、開示命令、訴訟）を行う場合、単に発信者を特定して解決というわけにはいきません。通常は、発信者を特定した後に、発信者に対する損害賠償請求訴訟が続きます。

　開示を求める場合の理由（権利侵害）がたくさんあるなかで、現段階で比較的多い理由は名誉毀損や人格権侵害です。

　この場合、発信者に対する損害賠償請求の「損害」は、精神的苦痛で、いわゆる慰謝料の請求となります。

　残念ながら、日本の裁判例では、名誉毀損や人格権侵害に基づく慰謝料の相場が低く、数十万円程度であることが多いように思います。百万円を超える慰謝料を請求できる事案は、名誉毀損や人格権侵害に該当する発信が非常に多数に及んでいたり、当該発信者の影響力が大きく、発信が多くの人に閲覧されたり、発信内容が見るに堪えないくらいひどい、または対象となった者が著名人であるなど、例外的な要素を含んでいるように思われます。

　このように、損害賠償請求で獲得できる金額が数十万円だとすると、先に述べた開示にかかる弁護士費用を下回ってしまう場合が想定され、適正な被害回復ができないという状況がありました。

開示請求にかかった弁護士費用の賠償

　このため、開示請求を経て相手方の特定に至った場合に、裁判所では、慰謝料に加えて弁護士費用の賠償をも認める例が多く存在します。

交通事故訴訟などに代表されるように、不法行為に基づく損害賠償請求において弁護士費用が認められる場合には、損害額全体に対する割合で算出されることが多くありますが、開示請求を経た場合の損害賠償請求においては、弁護士費用の実額が認められるケースも存在します。

　おそらく、慰謝料額自体が低額で、これに対する割合的な計算だと、十分な被害回復が図れないという事情もふまえたものと思われます。

弁護士費用の賠償が認められたのに……

　私も、開示請求を経た損害賠償請求において、弁護士費用の実額を請求したことがあります。

　この際には、委任契約書と請求書、弁護士口座の該当部分の入金履歴も証拠として提出しました。

　ただ、このケースでは、書き込みが複数ありました。わかりやすくするために10件としましょう。その10件のうち、損害賠償請求をされた被告が書き込んだものは2件のみでした。

　この点を考慮されて、裁判所からは弁護士費用全額に対して20%を乗じた額を損害とする和解の提案がなされました。

　このような経験があったので（裁判でどのように認定されるかはまだ未知数ですが）、委任契約書には、投稿の件数が着手金報酬金の算定には影響しない旨の文言を加筆するなどし、今も、弁護士費用のロジックを日々検討しています。

誹謗中傷は何度でも……

弁護士 5 年目　男性

よくある誹謗中傷事件のはず……

インターネット投稿トラブルは、他の事件と比較して、事件や弁護士費用の見通しを説明して依頼者の理解を得ることが難しい事件であるように思います。

あらためて受任当初の説明が難しいと感じた事件は、ウェブページの誹謗中傷記事を削除請求する事件でした。依頼者は会社を経営しており、誹謗中傷の内容は依頼者やその会社を侮辱するものでした。また、依頼者の話によれば、「経営方針の違いから仲違いをした元共同経営者の友人が書き込んだ記事ではないか」とのことでした。

依頼者としては、仕事が忙しいことから、ひとまず問題となる記事を削除してくれればよいとのことだったので、サーバー管理者に対し、誹謗中傷の記事の削除を請求する事件として受任しました。

削除後の不穏な質問

私は、さっそく、ウェブページのサーバー管理者に対し、問題となる誹謗中傷の記事を求める書面を送付しました。すると、サーバー管理者より私宛に連絡があったので、電話に出ると「弊社自体にはページを削除する権限がないため、まずは、こちらのページを運営しているユーザーに対して、任意の削除に応じるかを連絡します」とのことでした。

そこで、しばらく対応を待っていたところ、再びサーバー管理者から

連絡があり「ユーザーは、今回の記事を削除しました」との報告があり
ました。この報告を受け、事件の終了がみえたのでホッとしたのですが、
続けて「ただ、ユーザーから弊社に対し、今回の削除依頼について代理
人の情報を教えてほしいと問い合わせがありました。こちらの対応につ
いてどうしたらよろしいでしょうか」と訊かれました。

　私は、相手方の質問に答える必要がないと考えたため、サーバー管理
者に対し「当方としては特に回答する必要まではないと考えております
ので、『回答は差し控えさせていただきます』とお伝えいただければと
思います」と伝えました。サーバー管理者は「承知しました」と述べま
した。

　私は、相手方の質問の意図がよくわからなかったので、多少の不安を
感じました。

弁護士費用精算のはずが……

　私は、依頼者に対し、記事が削除されたことを説明し、依頼者にも記
事の削除を確認してもらったことから、弁護士費用の精算手続に着手し
ました。

　精算書を依頼者に送付し報酬金の支払いを待っていたところ、精算書
の送付から1週間が経過した頃、依頼者から「同じ記事がまた掲載され
てしまっている」との連絡を受けました。相手方のウェブページを確認
したところ、依頼者の話のとおり、同じ内容の記事が掲載されていまし
た。

　私は、スムーズに終了できると思った事件が振り出しに戻ってしまい
残念に思いましたが、気を取り直して「再度、サーバー管理者に対し削
除請求をすることや、サーバー管理者に対し発信者情報開示請求するこ
と」を提案しました。

　しかし、依頼者としては、「相手方は、今回の記事を削除させたとし
ても、他の手段を使って同様のことを繰り返すだろうからもう結構で

す」とのことでした。そこで、私としては、記事を完全に削除するには至らなかったことから、報酬金については受け取らずに事件を終了することにしました。

インターネット投稿トラブルの難しさ

誹謗中傷の投稿や記事に関する事件は、通常の他の事件とは異なり、代理人がついた後も誹謗中傷が繰り返されるリスクがあり、一方的・容易に誹謗中傷行為をすることができてしまいます。

今回の体験談をとおし、依頼者に対し、安易な見通しを説明するのではなく、インターネット投稿トラブルの特殊性を理解していただき、リスクについても十分に説明を尽くすことの重要性を感じました。インターネット投稿トラブルに関しては「慎重すぎる説明」くらいがちょうどよいかもしれません。

ワンポイントアドバイス

インターネット投稿の削除請求や発信者情報開示請求等においては、受任時点では明確な見通しが立てにくく、経済的利益の算定が難しいため、弁護士費用の設定には慎重な検討が必要です。弁護士としては、できる限り今後起きうる展開を説明し、依頼者と十分に協議のうえで弁護士費用の設定を行うことが求められるといえます。体験談も参考にしつつ、事案に応じた柔軟な費用設定が行えるとよいと思われます。

執筆者一覧（五十音順）

編集代表・執筆

関　理秀　　　（61 期・東京弁護士会）／TMI 総合法律事務所

執筆

足立　梓　　　（73 期・東京弁護士会）／桜坂法律事務所

上村　香織　　（70 期・東京弁護士会）／TMI 総合法律事務所

大山　貴俊　　（68 期・兵庫県弁護士会（元東京弁護士会））／TMI 総合法律事務所

紙尾　浩道　　（69 期・東京弁護士会）／BACeLL 法律会計事務所

小寺　悠介　　（66 期・東京弁護士会）／KODAMA 法律事務所

齋藤　理央　　（63 期・東京弁護士会）／今井関口法律事務所

渋田　遼　　　（75 期・東京弁護士会）／千鳥ヶ淵法律事務所

大伍　将史　　（71 期・東京弁護士会）／アディーレ法律事務所

高橋　未紗　　（61 期・東京弁護士会）／千鳥ヶ淵法律事務所

永野　亮　　　（65 期・東京弁護士会）／BACeLL 法律会計事務所

西村　健　　　（62 期・東京弁護士会）／堀法律事務所

本澤　陽一　　（64 期・東京弁護士会）／弁護士法人エルティ総合法律事務所

三浦　梓　　　（74 期・東京弁護士会）／法律事務所ネクシード

峯田　大輔　　（75 期・東京弁護士会）／弁護士法人モノリス法律事務所

山岸　泰洋　　（61 期・東京弁護士会）／弁護士法人エクイタス
　　　　　　　　　　　　　　　　　　　（リソルテ総合法律事務所）

サービス・インフォメーション

―――――――――――――――――――――― 通話無料 ―――
①商品に関するご照会・お申込みのご依頼
　　　　　　　TEL 0120 (203) 694／FAX 0120 (302) 640
②ご住所・ご名義等各種変更のご連絡
　　　　　　　TEL 0120 (203) 696／FAX 0120 (202) 974
③請求・お支払いに関するご照会・ご要望
　　　　　　　TEL 0120 (203) 695／FAX 0120 (202) 973

●フリーダイヤル（TEL）の受付時間は、土・日・祝日を除く
　9:00〜17:30です。
●FAXは24時間受け付けておりますので、あわせてご利用ください。

こんなところでつまずかない！
インターネット投稿トラブル21のメソッド

2024年3月15日　初版発行

編　著　　東京弁護士会 親和全期会

発行者　　田　中　英　弥

発行所　　第一法規株式会社
　　　　　〒107-8560　東京都港区南青山2-11-17
　　　　　ホームページ　https://www.daiichihoki.co.jp/
デザイン　中村圭介・鳥居百恵
　　　　　（ナカムラグラフ）

投稿トラブル21　ISBN 978-4-474-09437-6　C2032 (5)